Der Mann mit der eisernen Hand

John Carl Parish

Writat

Diese Ausgabe erschien im Jahr 2024

ISBN: 9789359941387

Herausgegeben von
Writat
E-Mail: info@writat.com

Inhalt

VORWORT DES AUTORS

Der Zweck dieses Buches besteht darin, einige der Ereignisse, die mit der Ankunft der französischen Entdecker im Mississippi-Tal einhergingen, in einer lesbaren Erzählform, jedoch mit strenger Genauigkeit, darzustellen und diese Ereignisse so weit wie möglich aus der Sicht der Menschen zu behandeln Indianer, in deren Land die Weißen eindrangen. Mit anderen Worten, es wurde versucht, den Leser in die Lage und Umgebung der Ureinwohner zu versetzen, damit er das Kommen der Weißen mit den Augen und Gedanken der Indianer erleben kann, anstatt die Erkundung von außen zu betrachten. von Männern seinesgleichen, aus einem unbekannten Land, bevölkert von einer fremden und vage verstandenen Rasse.

Um den Standpunkt des Great Valley zu bewahren, konzentriert sich die Geschichte der Erkundungen auf Henry de Tonty – den „Mann mit der eisernen Hand" – der im Gegensatz zu seinem Anführer La Salle im Tal des Mississippi und in dessen Nähe blieb Beziehungen zu seinen Bewohnern seit einem Vierteljahrhundert.

Dieses Buch ist in keiner Weise Fiktion. Es wurde direkt aus den Originalquellen und den besten verfügbaren Informationen über das Leben der Indianer zur Zeit der Ankunft der Weißen verfasst. Die Quellen bestehen hauptsächlich aus Briefen und Beziehungen von Pater Marquette und anderen Jesuiten, von Joliet, La Salle und Tonty sowie den Schriften der verschiedenen Mönche, Priester und Soldaten, die sie begleiteten. Einige Fragmente sind nur in handschriftlicher Form zugänglich; Das wichtigste Material wurde jedoch von Pierre Margry , John Gilmary Shea, BF French, Reuben Gold Thwaites und anderen zusammengestellt, bearbeitet und veröffentlicht.

Wo Gespräche geführt werden , sind sie den Berichten derjenigen entnommen, die sie geführt oder gehört haben. Normalerweise wurden sie wörtlich aus den französischen Aufzeichnungen übersetzt. Manchmal wurde der direkte Diskurs in einen indirekten umgewandelt oder gekürzt, und in einigen Fällen wurde der indirekte in die direkte Form umgewandelt.

Die Schriften der frühen Entdecker und Priester sind reich an beschreibenden Details klimatischer, physischer oder persönlicher Natur; und diese Informationen wurden, wo immer sie aufschlussreich waren, herangezogen, um die Bedingungen rund um die beschriebenen Ereignisse so anschaulich und wahrheitsgetreu wie möglich wiederzugeben.

Es gibt einen sekundären Autor, der immer die Dankbarkeit des Studenten der Themen verdienen wird, die mit den Franzosen und Indianern in Kanada und dem Mississippi-Tal zu tun haben, und Francis Parkman wird hier gewürdigt, nicht als Informationsquelle — obwohl seine Schlussfolgerungen gezogen wurden aus einem umfassenden Studium der Originaldokumente sind von unschätzbarem Wert — aber als Pionier und unübertroffener Meister auf diesem Gebiet und als Quelle unerschöpflicher Inspiration.

Es gibt viele Personen, die die Arbeit auf verschiedene Weise unterstützt haben, und ihre Unterstützung wurde gebührend gewürdigt; Der Platz erlaubt jedoch nur die Erwähnung von zwei davon. Die hilfreiche Kritik und die Anregungen meiner Frau während der gesamten Erstellung des Bandes haben dem Text wesentlich geholfen; und der ständige Rat und die Ermutigung des Herausgebers der Reihe, Dr. Benjamin F. Shambaugh , und seine sorgfältige redaktionelle Überarbeitung des Manuskripts haben den Wert des Buches erheblich gesteigert.

John Carl Parish.

Denver, Colorado

KAPITEL I

DER GEFANGENE

Ein plötzlicher, weit entfernter Schrei durchbrach die Stille, die über den langen, niedrigen Indianerhütten auf dem Hügel gelegen hatte. Sofort erwachte das ganze Dorf in großer Aufregung. Frauen legten ihre Arbeit am Kamin nieder; alte Männer legten ihre langstieligen Pfeifen weg und sprangen wie junge Tapfere zu den Türen der Logen; während auf den Feldern junge Mädchen gerade standen, um zuzuhören. Wieder ertönte der Schrei, aber jetzt näher und aus vielen Stimmen. Aus jeder Hütte am Flussufer und auf dem Hügel strömten die rothäutigen Dorfbewohner, deren glattes, schwarzes Haar im Sonnenlicht glänzte. Aus den Mais- und Kürbisfeldern und zwischen den Bohnenreben kamen geschmeidige Mädchen und kräftige Indianerinnen; und von ihrem Spiel am Flussufer stürzten nackte Kinder atemlos in den offenen Raum vor den Hütten.

In der Ferne kam mit wilden, triumphierenden Schreien die Kriegspartei, auf die die Frauen und alten Männer des Dorfes so lange gewartet hatten. Jetzt konnten sie die bunten Federn sehen, die die Köpfe schmückten, und die rote Farbe, die die Körper der heimkehrenden Krieger beschmierte. Jetzt erblickten sie Skalplocken, die in der Luft wehten; und inmitten der Kriegerschar sahen sie die Gestalt eines seltsamen indischen Jungen, der zwischen zwei großen, tapferen Kriegern dahintrottete. „Skalpe und ein Gefangener" riefen die wartenden Dorfbewohner, und mit Willkommensrufen strömten sie hinaus ins Freie, um die heimkehrende Truppe zu treffen.

Es war ein Ereignis, das lange in Erinnerung bleiben wird. Die Frauen des Stammes versammelten sich im Freien und tanzten mit seltsamen Liedern und wilder Musik, mit hochgestreckten Armen und schlurfenden und hüpfenden Füßen und mit sich drehenden und beugenden Körpern den Skalptanz.

Der Gefangene war nur ein Junge, der die Sprache des Illinois nicht beherrschte, in dessen siegreiche Hände er gefallen war. Er war ein Fremder inmitten von Feinden. Wie er nur allzu gut wusste, wurden in den Lagern des Peoria-Stammes manchmal Gefangene bei lebendigem Leibe verbrannt, wenn es nach einem Kampftag dunkel geworden war. Solch eine Szene stellte sich sein verängstigter Geist jetzt vor. Er stellte sich vor, wie er mitten auf einer Lichtung am Fuße eines Pfahls gefesselt lag. Er konnte sehen, wie sich die Flammen hungrig ausstreckten und die getrockneten Äste und das Unterholz verzehrten. Mit jeder Sekunde stiegen sie höher und warfen einen Lichtkreis auf eine dicht gedrängte Menge herzloser und jubelnder Indianer, die zusahen, wie die wachsenden Flammen aufstiegen und an den Gliedmaßen des hilflosen, an den Pfahl gefesselten Gefangenen leckten.

Wenn er ein Irokese gewesen wäre, wäre das Verbrennen vielleicht das Schicksal des kleinen Jungen gewesen. Aber bei dieser besonderen Gelegenheit kam es am Iowa River, der am Dorf Peoria vorbeifloss, nicht zu solchen barbarischen Folterungen , denn die Frau des Häuptlings nahm den Gefangenen gefangen und brachte ihn zu ihrer eigenen Lodge, wo er zu gegebener Zeit und mit angemessener Zeremonie adoptiert wurde als Mitglied der Familie des Häuptlings.

Im Zuge einer solchen Abfolge von Ereignissen kam dieser gefangene Indianerjunge mit seltsamen Worten auf den Lippen und Angst im Herzen zu dem Peoria-Stamm der Illinois-Indianer. Er hatte viele Vorahnungen, aber trotz all seiner indianischen Fantasie konnte er nicht vorhersehen, dass er von diesem Dorf, in das er adoptiert war, zu einer Reihe von Abenteuern aufbrechen würde, wie noch kein Junge und kein Mann seines Stammes erlebt hatte – dass er durch Länder reisen würde und unter Menschen wie keinem, die er je gekannt hatte, stieß er auf Gefahren, die seine Gefangennahme im Kampf so harmlos erscheinen ließen wie einen Tag beim Angeln.

KAPITEL II

Das Kommen der Fremden

Es war viele Tage später, und die Stille und Schönheit des Junis hatte das Mississippi-Tal erreicht. Vor den Peoria-Lodges am Ufer des Iowa River führte ein schmaler Pfad durch die Prärie, durch zwei Meilen Sonnenschein über einen zu sehenden Jahrmarkt, und gelangte schließlich zum Westufer des Mississippi. Aber an diesem Sommertag beschritt kein Indianer den Weg, der vom Dorf wegführte. In den Straßen der Indianerstadt war niemand zu sehen, und es war keine Bewegung zu sehen, außer dem langsam aufsteigenden Rauch von den Dächern der dreihundert Hütten, die wie lange Lauben über den Hügel verteilt waren und deren abgerundete Dächer durch Schichten von Wasser wasserdicht gemacht waren geflochtene Binsenmatten. Doch aus den Hütten drang Stimmengemurmel, denn innerhalb der fensterlosen Mauern versammelten sich die Indianer des Peoria-Stammes.

Entlang der Mittellinie innerhalb jeder Hütte brannten vier oder fünf Feuer, und neben jedem Feuer errichteten zwei Familien ihr Zuhause. Indische Frauen hockten neben der schwelenden Glut oder stampften in Steinschüsseln Mais zu Mehl; während hier und da auf Binsenmatten oder auf dem Lehmboden die Männer mit tätowierten und sehnigen Körpern saßen, langstielige Pfeifen rauchten oder Bögen reparierten. An den Wänden standen braune Papos, die aufrecht in ihren Koffern standen, und blinzelten in das Licht von Türen und Kaminfeuern oder blickten starr und stumm ins Nichts. Das Leben in den Logen verlief, außer in Kriegszeiten, ereignislos. An diesem Tag Ende Juni gab es auch keinen Grund, nach anderen Ereignissen zu suchen als denen, die den Stamm seit Generationen heimgesucht hatten.

Dann wurde das Dorf plötzlich von einem Schrei erschreckt. Es war nicht dieser eigentümliche Kriegsschrei, der manchmal durch das Tal hallte, und auch nicht der Schrei heimkehrender Jäger oder Krieger. Es enthielt eine seltsame neue Note, die die geschäftige Arbeit der indischen Frauen unterbrach und die träumenden Helden zum Leben erweckte. Rohre wurden beiseite gelegt, Steine, mit denen die Squaws Mais mahlten, fielen lautlos in die Schüsseln, und Papoosen gerieten in Vergessenheit, als die Dorfbewohner aus den Hütten ins Sonnenlicht strömten.

Seltsam war der Anblick, der sich ihrem neugierigen Blick bot. Auf dem Weg, der vom Mississippi herüberkam, standen zwei Männer. Die Peorias hatten noch nie solche Indianer gesehen. Obwohl es Juni war, waren die Fremden von Kopf bis Fuß mit Stoffgewändern bedeckt. Einer, ein Mann in den Zwanzigern, trug einen Mantel und schwere Kniehosen; Der andere, ein ruhiger Mann, etwas älter als sein Begleiter, trug ein langes schwarzes Gewand, das mit einer Kordel um die Taille geschlungen war und bis zu seinen Füßen reichte. An dieser Schnur hing eine Reihe großer Perlen, an denen ein Kreuz hing.

Unangekündigt waren diese seltsamen Wesen auf dem Weg vor dem Dorf aufgetaucht, fast als wären sie von einem Geist vom Himmel fallen gelassen worden. Keine Farbe war auf ihren blassen Gesichtern, keine Federn in ihren Haaren. Sie trugen keine Waffen und zeigten weder die Kriegspfeife mit roter Farbe und Federn noch die Friedenspfeife, die das Kommen von Freunden ankündigte. Dennoch gab es unter den indischen Dorfbewohnern einige, die zweifellos wussten, woher die Fremden kamen. Vielleicht waren unter ihnen einige der Illinois-Krieger, die sechs Jahre zuvor eine Gruppe von Hütten viele Meilen nördlich am Ufer des Lake Superior besucht hatten und dort die energischen Pelzhändler mit ihrer Decke gesehen hatten Mäntel und feste Hosen, und die Jesuitenpriester, die, gekleidet wie dieser Mann in schwarzem Gewand und Kapuze, in die Dörfer rund um die Großen Seen vorgedrungen waren. Vielleicht hatten die Peorias auf den Reisen, die sie manchmal in das Dorf ihrer Kaskaskia-Brüder am Illinois River unternahmen, von den Männern mit weißen Gesichtern gehört, die in der Nähe von Green Bay und an der Straße von Mackinac lebten.

Unter den Männern des Peoria-Dorfes verbreitete sich schnell die Nachricht, dass diese beiden Fremden der großen französischen Nation von jenseits des Meeres angehörten. Da es außerdem üblich war, dass die Indianer friedlichen Besuchern gegenüber gastfreundlich waren, mussten diese beiden Männer, die so unerwartet auf dem Weg aufgetaucht waren, gebührend willkommen geheißen werden. Vier Indianer – alte Männer mit Autorität im Stamm – traten aus der Menge hervor und gingen den Weg entlang. Sie gingen langsam, zwei von ihnen hielten im glühenden Sonnenlicht die mit Federn und fein verzierten Calumets oder Friedenspfeifen über ihren Köpfen. Wortlos näherten sie sich den Fremden und hielten ihre Pfeifen gen Himmel, als wollten sie sie der Sonne zum Rauchen anbieten. Schließlich blieben sie stehen und blickten die weißen Männer aufmerksam und doch höflich an.

Dann ergriff der Mann im schwarzen Kleid das Wort. "Wer bist du?" sagte er in einer gebrochenen Algonkin-Sprache.

„Wir sind Illinois", antworteten die alten Männer. In ihren Tönen klang Stolz, denn der Name Illinois bedeutet „die Männer" – als ob kein anderer Indianer so würdig wäre, Männer genannt zu werden. Dann gaben sie den weißen Männern die Friedenspfeifen zum Rauchen und luden sie zu einem Besuch in den Logen ein.

Gemeinsam gingen die Indianer und ihre Gäste den Weg zum Dorf hinauf. An der Tür einer der Hütten stand ein alter Mann, der nackt und aufrecht stand und die Hände der Sonne entgegenstreckte. Die Fremden machten sich auf den Weg zu dieser Hütte; Und als sie näher kamen, sprach der alte Mann:

„Wie schön ist die Sonne, ihr Franzosen, wenn ihr uns besucht ! Unser ganzes Dorf erwartet dich und du sollst alle unsere Hütten in Frieden betreten."

In der Hütte befanden sich viele Mitglieder des Stammes, und in ihren Gedanken herrschte großes Staunen, als sie die neugierigen Männer aus dem Osten betrachteten. Die Ältesten des Stammes gaben den Besuchern erneut die Friedenspfeife; und als sie geraucht hatten, zogen die Indianer auch das Calumet und verpflichteten sich so für ihre fremden Gäste zu Frieden und Wohlwollen.

Etwas abseits befand sich eine Gruppe von Hütten, in denen der größte Häuptling des Stammes lebte. Als er vom Kommen der Weißen hörte, ließ er sie in seine Lodge einladen. Die Fremden nahmen das Angebot an und ein großes Gefolge begleitete sie auf ihrem Weg durch das Dorf. Die Indianer waren begierig darauf, solch ungewöhnliche Besucher zu sehen, und folgten ihnen in Scharen. Einige lagen im Gras und sahen ihnen beim Vorbeigehen zu; andere rannten voraus und gingen dann zurück, um ihnen entgegenzukommen. Doch ohne Lärm und mit großer Höflichkeit blickten sie auf die beiden weißen Männer. Schließlich kamen sie alle zur Hütte des Häuptlings von Peoria.

Der Häuptling stand in seiner Tür, und auf beiden Seiten von ihm stand ein alter Mann. Nackt waren die drei und hielten das langstielige Calumet der Sonne entgegen. Mit ein paar würdevollen Worten lockte der Häuptling die weißen Männer in seine Hütte, wo sie erneut in Freundschaft zusammen rauchten. Dann herrschte Schweigen in der Hütte, denn die Zeit war gekommen, in der die Fremden von ihrer Mission erzählen sollten. Die Indianer warteten teilnahmslos, aber voller Erwartung. Es war der Mann im schwarzen Kleid, der sprach; und nach Art der Indianer gab er ihnen vier Geschenke und mit jedem Geschenk überbrachte er ihnen eine Botschaft.

Schweigend hörten die roten Männer zu, als er ihnen mit seinem ersten Geschenk den Zweck seines Kommens erzählte. Er war Jacques Marquette, ein Priester des Jesuitenordens, und sein Begleiter war Louis Joliet, ein Pelzhändler und Entdecker der großen französischen Nation. Sie waren friedlich gereist, um die Stämme zu besuchen, die am Mississippi lebten, und wollten unbedingt bis zum Meer gehen, in das der Große Fluss mündete.

Wieder gab er ihnen ein Geschenk und erzählte ihnen vom Gott der weißen Männer, der auch den Indianer erschaffen hatte und der die schwarzgekleideten Priester in die entlegensten Winkel der Erde geschickt hatte, um den Indianern seine Herrlichkeit zu verkünden. Dann überreichte er den Peorias ein drittes Geschenk und erzählte ihnen vom großen Häuptling der Franzosen, der ihnen mitteilen wollte, dass er die wilden Irokesen besiegt und überall Frieden geschaffen habe. Mit dem vierten und letzten Geschenk bat er die Peorias , ihm von den Indianervölkern im Süden zu erzählen, entlang der Windungen des großen Flusses und am Meer, in das er mündete.

Als der Priester aufhörte zu reden, erhob sich der Häuptling der Peorias . Neben ihm stand ein etwa zehnjähriger Indianerjunge. Er war kein Peoria, sondern der Gefangene, der im Kampf gefangen und in die Familie des Häuptlings adoptiert worden war. Der Häuptling legte seine Hand auf den Kopf des Jungen und sprach folgende Worte:

„Ich danke dir, Black Gown, und dir, oh Franzose, dass du dir so viel Mühe gegeben hast, uns zu besuchen. Noch nie war die Erde so schön und die Sonne so strahlend wie heute. Noch nie war unser Fluss so ruhig und frei von Steinen, die deine Kanus im Vorbeifahren entfernt haben. Noch nie hat unser Tabak so gut geschmeckt oder unser Mais so gut ausgesehen, wie wir ihn jetzt sehen. Hier ist mein Sohn, den ich dir gebe, um dir mein Herz zu zeigen.“

So gehörte der gefangene Indianerjunge zu der Gruppe der Entdecker und teilte ihre seltsamen Wanderungen und Abenteuer im Großen Tal.

Als der Priester vom Gott der Franzosen sprach, der seine Männer über Meere und in die Wälder geschickt hatte, dachten der Indianerhäuptling und diejenigen, die bei ihm saßen, an ihre eigenen Maniten und Götter und an ihre eigenen Medizinmänner, die verstanden und wussten Die mächtigen Geister konnten sie durch Gebete und Beschwörungen dazu bringen, in Zeiten der Dürre Sonnenschein zum Reifen des Mais und Regen zu bringen, sie im Krieg zu beschützen und sie bei Krankheiten zu heilen. Dieser schwarz gekleidete Priester muss ein großer Medizinmann in den Logen der Weißen sein; und so sagte der Häuptling: –

„Ich bitte dich, habe Mitleid mit mir und meiner Nation. Du kennst den Geist, der uns alle erschaffen hat. Du bist es, der zu ihm spricht und sein Wort hört . Bitte ihn, mir Leben und Gesundheit zu schenken und zu kommen und bei uns zu wohnen, damit wir ihn kennen lernen.“

Dann gab der Häuptling dem Priester eine Pfeife, ähnlich der, die die beiden alten Männer getragen hatten. Es war geschnitzt und mit dem Gefieder von Vögeln geschmückt, und sein Stiel war so lang wie der Arm eines großen Tapferen. Es war ein Zeichen des Friedens, das die weißen Männer in den Ländern, die sie erkunden wollten, oft brauchten. Mit diesem Geschenk sprach der Peoria von der Liebe, die er für den großen Häuptling der Franzosen hegte.

Mit einem weiteren Geschenk warnte er die weißen Männer vor den Gefahren, die vor ihnen lagen; und er flehte sie an, nicht weiter zu gehen. Im Süden lebten wilde und tödliche Stämme, und entlang des Flusses lauerten andere, mysteriösere und schrecklichere Gefahren. Aber der sanftmütige Priester antwortete, dass er keine Angst vor dem Tod habe und sagte, dass er kein größeres Glück schätze, als die Lehre seines Gottes zu sterben.

Erstaunt waren alle Indianer, die in der Hütte des Häuptlings saßen und diese Antwort hörten. Einen Feind zu Ehren seines Manitou und zum Ruhm seiner Nation zu skalpieren, schien der Gipfel der Freude und des Triumphs zu sein; aber sie konnten den Mut eines Menschen nicht verstehen, der sich zu Ehren seines Gottes bereitwillig skalpieren oder foltern ließ. Daher gaben sie keine Antwort und der Rat schloss.

Inzwischen waren in den Logen indische Frauen und Mädchen damit beschäftigt, ein Fest für die Fremden vorzubereiten. Papus wurden an Bäumen aufgehängt oder an die Wände der Hütte gelehnt, während ihre Mütter Mais und Fleisch brachten, das Feuer anfachten und für die angesehenen Gäste einen Hund töteten. Eine Frau, der als Strafe für die Untreue gegenüber ihrem Mann die Nase abgeschnitten worden war, kam aus einem nahegelegenen Häuschen. Junge Mädchen, deren tägliche Pflicht es war, sich um die Mais- und Bohnenreihen auf den Feldern zu kümmern, halfen nun dabei, das Essen, das die Frauen zubereitet hatten, in die Hütte zu bringen.

Der erste Gang bei diesem Peoria-Fest war Sagamit , ein Gericht, das aus Maismehl zubereitet und mit Fett gewürzt wurde. Es wurde auf einer tollen Holzplatte serviert. Ein Indianer, der als Zeremonienmeister fungierte, nahm einen Löffel aus einem Büffelknochen, füllte ihn mit Sagamit und hielt ihn den Fremden mehrmals in den Mund, als würde man Kinder füttern. Dann brachten sie, frisch von den Feuern, die die Indianerfrauen gehütet hatten, eine Schüssel mit drei Fischen. Derselbe Indianer nahm den Fisch, entfernte die Gräten, blies auf einige Stücke, um sie abzukühlen, und verfütterte sie an die Gäste. Der dritte Gang, der nur zu seltenen und wichtigen Anlässen serviert wurde, bestand aus dem Fleisch eines frisch geschlachteten Hundes. Zur großen Überraschung der Indianer aßen die Weißen nichts von diesem Gericht und so wurde es weggenommen. Der vierte Gang bestand aus Büffelfleisch, von dem die erlesensten Stücke dem Priester und seinem Begleiter gereicht wurden.

Nach diesem aufwendigen Fest führten die Peorias ihre Besucher durch das ganze Dorf, und die Indianer mit offenem Mund und offenem Herzen brachten ihnen selbstgemachte Geschenke – Gürtel und Armbänder aus Büffel- oder Bärenhaaren, rot, gelb gefärbt, und grau. Als schließlich die Nacht über die Peoria-Lodges hereinbrach, machten es sich Marquette und Joliet auf Betten aus Büffelroben in der Lodge des Häuptlings bequem.

Am Nachmittag des nächsten Tages verließen die Fremden die Indianerhütten am Iowa River und folgten dem Pfad zurück zum Ufer des Mississippi; und mit ihnen gingen, höflich bis zuletzt, der Häuptling und die gesamten sechshundert Mitglieder des Stammes. Als sie am Flussufer ankamen, blickten die Indianer verwundert auf die fünf weißen Männer, die von ihren Anführern zurückgelassen worden waren, um zwei kleine Kanus zu bewachen – tatsächlich klein im Vergleich zu den großen Booten der Peorias , die ausgehöhlt waren Drei Fuß große Baumstämme waren einen halben Hundert Fuß lang.

Als die Fremden einschifften, stand die Sonne etwa zur Hälfte am Himmel. Die am Ufer versammelten Peorias sahen neugierig zu, wie die beiden weißen Männer und der Indianerjunge sich zu ihren Gefährten in den Kanus aus Birkenrinde gesellten, sich vom Ufer abschoben, in die Strömung schwangen und flussabwärts paddelten. Dann stellten sie sich der untergehenden Sonne entgegen und gingen zurück ins Dorf. Als sie an die wilden Stämme im Süden und die schrecklichen Gefahren des Flusses dachten, zweifelten sie stark daran, ob die tapferen Fremden noch einmal in ihr Dorf kommen und ihnen den Besuch abstatten würden, den der schwarz gekleidete Priester versprochen hatte.

Sie sahen dieselben Reisenden zwar wieder, aber nicht in dem Dorf am Ufer des Iowa River; denn im selben Sommer zog der Peoria-Stamm um. Eines Tages zogen die Indianerinnen die Hüttenstangen ab, packten die Lagerutensilien zusammen , beluden sich mit Vorräten an Nahrungsmitteln und Gewändern und machten sich gemeinsam mit den Männern des Dorfes auf den Weg nach Osten, der sie weit über den Mississippi hinausführte. An den Ufern des Illinois River, nicht weit vom See entfernt, der noch immer ihren Namen trägt, errichteten die Peoria-Frauen neue Hütten und entzündeten die Feuer, die Tag und Nacht in der neuen Heimat brennen sollten. Weiter flussaufwärts lebte ein anderer Stamm der Illinois Nation – die Kaskaskias – in einem Dorf am Nordufer.

Zweifellos kamen die jungen Tapferen im Sommer 1673 oft zwischen diesen beiden Städten in Illinois vorbei; und während sie an den Feuern ihrer Kaskaskia-Brüder saßen und die langen Calumets rauchten, erzählten die Peorias von der Ankunft der Weißen in dem Dorf jenseits des Mississippi und von ihrer Abreise mit dem Indianerjungen, um entlang des geheimnisvollen Flusses dorthin zu reisen das große Salzmeer des Südens.

KAPITEL III

DEN GROßEN FLUSS HINUNTER

Ein schwarz gekleideter Priester, ein junger Pelzhändler, fünf Franzosen und ein kleiner Indianerjunge saßen an einem Sommerabend in zwei Kanus aus Birkenrinde auf der breiten Strömung des Mississippi. Nachdem sie am Ufer am Lagerfeuer eilig zu Abend gegessen hatten, paddelten sie weiter den immer dunkler werdenden Fluss hinunter, damit das Feuer sie nicht an die Feinde der Indianer verriet. Die Nacht brach über sie herein und sie ankerten ihre Kanus mitten im Fluss. Während ein Mann auf der Hut war, machte es sich der Rest der Gruppe in den schmalen Booten so bequem wie möglich und versuchte, etwas Schlaf zu finden.

Der Wächter saß schweigend in seinem Kanu, aber alle Sinne waren wachsam. Während der langen Nachtstunden hielt er mit scharfem Auge Ausschau nach unnatürlichen Schatten im trüben Licht des Mondes oder der Sterne und lauschte auf Paddelgeräusche oder die Bewegungen wilder Tiere. Die Abenteurer befanden sich in einem fremden Land und wussten nicht, welche Gefahren neben ihnen lauern könnten, während sie schliefen.

Der Indianerjunge, in dessen Tal die Fremden gekommen waren, kannte die Wege der Nacht auf Fluss und Ufer, aber er befand sich jetzt in seltsamer Gesellschaft. Vielleicht war auch er wach und dachte in seinem kindlichen Herzen über die seltsamen Verhaltensweisen dieser weißen Männer nach. Das Dorf Peoria, in dem er sich erst kürzlich niedergelassen hatte, lag viele Meilen flussaufwärts. In welche Länder kamen sie? Wann würden die Monster des Flusses, von denen sein Volk ihm erzählt hatte, sie samt Kanus und allem in einen schrecklichen Tod verschlingen?

Als eine bestimmte Konstellation den Zenit überschritt , streckte der Wächter die Hand aus und weckte einen seiner Kameraden, dann schlief er zu den anderen. Endlich begann sich die Dunkelheit zu lichten, als links das schwache Licht der Morgendämmerung über das felsige Ufer des Flusses stieg. Bald erwachten die Franzosen, griffen zu ihren Paddeln und begannen eine weitere Tagesreise.

Jeder Paddelschlag trug den Indianerjungen weiter von seinem Zuhause und näher an die Monster des großen Flusses heran. Indem er einen scharfen Beobachter trainierte, blickte er zu einer steilen Felswand hinauf und erblickte zwei seltsame und furchterregende Gestalten. Angst erfasste ihn, denn er wusste, dass er sich in der Gegenwart der schrecklichen Wesen befand, vor denen sein Volk ihn gewarnt hatte. Dort waren in den Farben Rot, Schwarz und Grün zwei Monster so groß wie Büffelkälber auf die Felsen gemalt. Sie hatten Gesichter wie Männer, aber mit schrecklich roten Augen und Bärte wie die von Büffelbullen; und auf ihren Köpfen waren Hörner wie Hirschhörner. Schuppen bedeckten ihre Körper; und ihre Schwänze waren so lang, dass sie sich um den Körper und über den Kopf wanden und zwischen ihren Beinen zurückgingen und in einem Fischschwanz endeten.

Es war, als wäre der Indianerjunge allein mit einem bösen Geist, denn kein Indianer war in seiner Nähe. Er konnte den weißen Männern keine Fragen stellen. Auch sie sahen nun die schrecklichen Tiere; und mit viel Geste und Aufregung begannen sie miteinander zu reden, aber in einer Sprache, die der Indianerjunge nicht verstehen konnte. Er wagte es nicht, lange auf den abgebildeten Felsen zu blicken, wandte sein Gesicht ab und saß auf seinem schmalen Sitz, unbehaglich und erfüllt von jener mystischen Ehrfurcht, die nur Menschen seiner eigenen Rasse empfinden konnten. Die weißen Männer unterhielten sich weiter, während die Kanus sanft stromabwärts glitten.

Plötzlich, während sie redeten, drang ein dumpfes Brüllen an ihre Ohren, das immer lauter wurde, je weiter sie den Fluss hinabstiegen, bis sie rechts eine große Öffnung im Ufer sahen und einen breiten Fluss ergossen, der von Nordwesten her zu ihnen strömte. Es war der Missouri, der tausend Meilen entfernt aus den Bergen herabkam und eine Menge Schlamm und Schutt, riesige Äste und sogar ganze Bäume in den Mississippi schleuderte. Die beiden Kanus wichen hier und dort aus, während die Männer an den Paddeln, mal wachsam und vergessend auf gemalte Drachen, ihr Boot mal nach rechts, mal nach links lenkten, auswichen, um einem großen Baum auszuweichen, oder um ihr Leben paddelten, um ihnen auszuweichen eine Menge Pinsel. Allein die tatkräftige Arbeit hat sie gerettet.

Außerhalb der Gefahr fragten sich die Abenteurer, aus welchem Land der mächtige Strom kam. Der tapfere Marquette gelobte, irgendwann in der Zukunft seinen mächtigen Strom einzudämmen und seinen Wassern bis zu ihrer Quelle zu folgen, in der Annahme, dass er so einen anderen Strom finden könnte, der ihn nach Westen in das große Zinnobermeer führen würde, das auf der Straße nach China lag. Aber der Indianerjunge vergaß die Monster auf den Felsen nicht so leicht und sah sich immer noch mit besorgten Blicken um.

Nur wenige Meilen weiter flussabwärts gelangten die Reisenden zu einer weiteren der schrecklichen Gefahren, vor denen die Peorias sie gewarnt hatten – zu einer Stelle im Fluss, an der der indianischen Legende nach ein Dämon lebte, der Reisende verschlang und sie heruntersaugte in die unruhigen Tiefen. Als sie sich der gefürchteten Stelle näherten, sahen sie eine heftige Woge des Wassers, die mit ungeheurer Kraft in eine kleine Bucht getrieben wurde. Felsen ragten hoch aus dem Bach; und gegen sie prasselte der Fluss mächtig und warf Schaum und Gischt in die Luft. Das Wasser hielt inne, hielt inne und stürzte dann in einen schmalen Kanal hinab.

Für den indischen Geist, der Leben und Menschlichkeit, gute und böse Geister in der gesamten Natur sah, gab es in diesen turbulenten Gewässern einen bösen Geist. Mit den Augen seiner eigenen Rasse beobachtete der Indianerjunge nun die hochgeworfene Gischt. Doch die beiden Kanus kamen sicher vorbei und gelangten bald in ruhigeres Wasser.

Bald näherten sich die Reisenden der breiten Mündung des Ohio, in dessen Tal sich die Dörfer der Shawnee-Indianer befanden, die von Zeit zu Zeit von wilden Stämmen der Irokesen überfallen wurden. Entlang der Ufer wuchsen Schilfrohr und Schilfrohr, das dicht und hoch wuchs. Mücken sammelten sich in Schwärmen, was den Männern das Leben schwer machte, während sie in der Hitze des Tages schuften mussten. Aber sie folgten dem Weg der Indianer des südlichen Landes und errichteten über ihren Kanus Zelte aus Segeltuch, die sie teilweise sowohl vor den Mücken als auch vor der brennenden Sonne schützten.

Als sie unterwegs waren, stießen sie eines Tages unerwartet auf eine Gruppe bewaffneter Indianer. Marquette erhob sich und hielt die Friedenspfeife hoch, während Joliet und seine Kameraden nach ihren Waffen griffen, um für den Fall eines Angriffs bereit zu sein. Dieses Mal waren sie jedoch in Sicherheit; denn die Indianer luden sie nur ein, an Land zu kommen und zu essen. Die Reisenden landeten und wurden in das Dorf geführt, wo die Indianer sie mit Büffelfleisch und weißen Pflaumen fütterten.

Es war offensichtlich, dass diese Indianer mit weißen Männern vertraut waren und Waren von Händlern aus dem Osten kauften; denn sie hatten Messer und Gewehre und Perlen und Stoffe und Beile und Hacken und sogar Glasflaschen für ihr Pulver. Mutige Engländer von der Atlantikküste hatten ihnen diese Dinge vielleicht im Tausch gegen Pelze verkauft. Nachdem sich die Spanier fest im Südwesten niedergelassen hatten und die Engländer – langjährige Feinde Frankreichs – aus dem Osten vordrangen, war es höchste Zeit, dass die Franzosen den Fluss hinunterkamen, wenn das Große Tal des Mississippi jemals erobert werden sollte unter der Flagge Frankreichs.

Die Indianer teilten Marquette und Joliet nun mit, dass das große Meer im Süden nur eine zehntägige Reise entfernt sei; und so machte sich die achtköpfige Gruppe mit neuer Energie erneut auf den Weg in ihren Kanus. Riesige Pappeln und Ulmen säumten jetzt beide Ufer, und Vögel in leuchtendem Gefieder huschten von Ast zu Ast; während in den verborgenen Prärien dahinter das Brüllen wilder Büffel zu hören war.

Michigamea -Indianer näherten , deren Hütten fast am Wasser lagen, hörten die Reisenden die wilden Schreie von Kriegern, die sich gegenseitig zu einem Angriff aufstachelten. Bald schwärmten sie mit Pfeil und Bogen, Beilen und großen Kriegskeulen am Ufer entlang. Vergebens hielt Marquette das Friedenslob hoch. Flussabwärts kletterten die Indianer in ihre langen

Unterstande und drängten nach oben, um die Fremden von unten anzugreifen; während andere junge Krieger flussaufwärts ihre Holzkanus zu Wasser ließen und mit heiseren Schlachtrufen den Fluss hinunterjagten. Umzingelt von den beiden Kriegsparteien in Booten und während bewaffnete Feinde am Flussufer heulten, schien den Franzosen der Tod ganz nah zu sein. Die warnenden Worte des Häuptlings von Peoria hatten ihnen ein solches Ende angekündigt.

Vielleicht schienen die funkelnden Lichter der kanadischen Flussstädte und das lächelnde Gesicht Frankreichs noch nie so weit entfernt zu sein wie jetzt in diesen unberührten Abschnitten des Great Valley. Und der indische Junge – vor ihm lag entweder der Tod oder die Gefangenschaft. In solchen Szenen war er von Stamm zu Stamm gegangen. Vielleicht trug ihn sein junger Geist nun zurück in das Dorf, wo der Rauch aus den Hütten seines eigenen Volkes aufstieg, wo seine eigene Mutter die Riemen gelöst hatte, die ihn an die Wiege seiner papoösen Tage fesselten, und ihm das Laufen beibrachte über die grünen Prärien und in den kühlen Wäldern mit den anderen Jungs, wo sie lernen, einen Bogen zu spannen, wilde Tiere des Waldes zu fangen und sich nackt, gesund und glücklich in der Sonne zu wälzen.

Aber dies war nicht die Zeit, an andere Tage zu denken. Eine Handvoll junger Mutiger warf sich in den Fluss, um die kleinen Kanus der Weißen zu erobern; Da ihnen aber die Strömung zu stark war, kehrten sie ans Ufer zurück. Einer hob seine Keule und schleuderte sie auf den schwarz gekleideten Priester. Durch die Luft wirbelnd flog es über die Kanus hinweg und fiel klatschend in den Fluss. Immer näher und näher schloss sich das Netz der Feinde um sie, bis sich von allen Seiten Bögen zu beugen begannen und Pfeile zurückzogen, deren Spitze tödlich war.

Plötzlich fielen ihre Waffen. Ältere Männer unter ihnen, die vielleicht zum ersten Mal die Friedenspfeife erkannten, die Marquette noch in der Hand hielt, hielten die ungestümen jungen Tapferen zurück. Als die Weißen näher kamen, kamen zwei Häuptlinge ans Wasser, warfen ihre Bögen und Köcher in die Kanus und luden die Fremden ein, in Frieden an Land zu kommen.

Mit Zeichen und Gesten unterhielten sich Indianer und weiße Männer. Vergebens probierte Marquette nacheinander die sechs indischen Sprachen aus, die er beherrschte. Endlich trat ein alter Mann vor, der eine gebrochene Illinois-Sprache sprach. Durch ihn stellte Marquette viele Fragen zum Unterlauf des Flusses und zum Meer. Aber die Indianer antworteten nur, dass die Fremden in einem Dorf der Arkansas-Indianer, etwa zehn Meilen weiter flussabwärts, alles lernen könnten, was sie wollten. Die Entdecker wurden mit Sagamit und Fisch gefüttert ; und nicht ohne Angst verbrachten sie die Nacht im Indianerdorf.

Am nächsten Morgen setzten sie ihre Reise fort und nahmen den alten Mann als Dolmetscher mit; und vor ihnen fuhr ein Kanu mit zehn Indianern. Sie waren noch nicht viele Meilen zurückgelegt, als sie zwei Kanus den Fluss hinaufkommen sahen, um ihnen entgegenzukommen. In einem stand ein Indianerhäuptling, der ein Calumet hielt und Friedenszeichen machte. Er sang ein seltsames indianisches Lied und gab den weißen Männern Tabak zum Räuchern, Sagamite und Brot aus indischem Mais zum Essen. Unter der Leitung ihrer neuen Führer erreichten die Franzosen bald das Dorf Arkansas, das nahe der Mündung des gleichnamigen Flusses lag.

Hier unter dem Gerüst des Häuptlings bekamen sie Sitzplätze auf feinen Binsenmatten. In einem Kreis um sie herum waren die Ältesten des Stammes versammelt; und um die Ältesten herum waren die Krieger; und hinter den Kriegern befand sich in einer großen Menschenmenge der Rest des Stammes, der begierig darauf war, die fremden Männer zu sehen und zu hören, die aus dem Norden herabgekommen waren. Unter den jungen Männern befand sich einer, der die Sprache Illinois besser beherrschte als der alte Mann, und durch ihn sprach Marquette mit dem Stamm. In seinem Vortrag erzählte er von der Religion der Weißen und vom großen französischen Häuptling, der sie in das Tal des Mississippi geschickt hatte.

Dann stellte er ihnen allerlei Fragen zum Ausflug ans Meer. War es jetzt eine mehrtägige Reise? Und welche Stämme waren unterwegs?

Nur bei Gelegenheiten wie dieser verstand der Indianerjunge, was gesagt wurde, denn normalerweise sprachen seine Begleiter in den Kanus das melodische, für ihn jedoch völlig unverständliche Französisch. Er hörte nun mit großem Interesse der Illinois-Sprache zu. Der junge Dolmetscher erzählte von ihren Nachbarn im Norden und Osten sowie im Süden und Westen. Vier Tagesreisen weiter westlich lag das Dorf eines Stammes aus Illinois, und im Osten befanden sich andere freundliche Menschen, von denen sie Beile, Messer und Perlen kauften. Aber in Richtung des großen Meeres im Süden, wo die Weißen hinwollten, waren ihre Feinde. Wilde Stämme mit Gewehren verwehrten ihnen den Handel mit den Spaniern. Überall am Unterlauf des Flusses kämpften die wilden Stämme ständig; und wehe den weißen Männern, wenn sie sich noch weiter wagten, denn sie würden nie zurückkehren.

Als die Indianer von den Gefahren des Flusses unterhalb der Mündung des Arkansas River berichteten, wurden ständig große Holzplatten herbeigebracht, beladen mit Sagamit , Mais und Hundefleisch. Auch endete das Fest nicht vor Tagesanbruch.

Die weißen Männer dachten über die Warnungen ihrer Gastgeber nach und bereiteten sich auf die Nacht vor. Als sie sich auf Betten zurückgezogen hatten, die am Ende ihrer langen, mit Rinde bedeckten Hütte etwa einen halben Meter über dem Boden standen, hielten die Indianer einen geheimen Rat ab. Einige der Krieger hatten mit neidischen Augen auf die Kanus, Kleider und Geschenke der Weißen geblickt. Warum nicht nachts über die Fremden herfallen, ihnen mit Schädelknackern oder Indianerkeulen das Gehirn herausschlagen und mit der Beute davonkommen? Für einige der habgierigen Inder war das ein verlockender Plan. Die Weißen waren wehrlos und Hunderte Meilen von ihren Freunden entfernt. Wer war da, um ihren Tod zu rächen?

Aber dem Häuptling, der die Besucher mit der Friedenspfeife begrüßt hatte, war das Band der Freundschaft heilig. Er durchkreuzte die Pläne der verräterischen Tapferen, entließ den Rat und ließ die Weißen holen. Dann tanzte er mit der Friedenspfeife in der Hand vor den Fremden den heiligen Calumet-Tanz; und als er die Zeremonie abschloss , übergab er Marquette das Kalumet. Es war ein für alle Indianer heiliges Zeichen, dass der Frieden nicht gebrochen werden sollte und die Weißen unversehrt blieben.

Viel Schlaf fanden die Franzosen allerdings nicht. Joliet und der Priester saßen bis tief in die Nacht und berieten gemeinsam, ob sie weiter ans Meer fahren oder umkehren sollten. Sie waren jetzt dem Meer sehr nahe, dachten sie – so nahe, dass sie davon überzeugt waren, dass der Fluss sich nach Süden zum Golf von Mexiko fortsetzte, anstatt sich nach Westen oder Osten zum Zinnobermeer oder zum Atlantischen Ozean zu wenden. Tatsächlich glaubten sie, dass sie in zwei oder drei Tagen den Golf erreichen könnten.

Aber in dem Land zwischen der Mündung des Arkansas und der Mündung des Mississippi lauerten wilde und mörderische Stämme; während nicht weit weg waren die Spanier. Sollten sie in die Hände von Feinden fallen und ihr Leben verlieren, wer würde Frankreich dann die Geschichte ihrer wunderbaren Reisen erzählen? Ihre geliebte Nation würde jegliches Wissen über ihre Expedition und damit jeglichen Anspruch auf das Große Tal aufgrund ihrer Erkundung verlieren. Auch schien es kaum mehr zu lernen, wie man den Weg zum Mund zurücklegen konnte. Joliet war bestrebt, seiner Regierung die Geschichte der Expedition zu berichten, und Marquette war voller Eifer, seinen Priesterbrüdern von den Indianern zu erzählen, die er getroffen hatte, und von der großen Arbeit, die ihnen als Missionare bevorstand.

Tatsächlich waren die Reisenden viele Tagesreisen von der Flussmündung entfernt. Doch glücklich in dem Gedanken, dass sie es fast geschafft hatten, beschlossen Joliet und der Priester schließlich, wieder flussaufwärts umzukehren und die wunderbare Geschichte ihrer Pionierreise auf dem großen, unbereisten Fluss nach Neu-Frankreich zu tragen.

KAPITEL IV

Der Gefangene freigelassen

Es war ungefähr Mitte Juli 1673, als die Arkansas-Indianer sahen, wie die Gruppe weißer Männer ihr Dorf verließ, um die Rückreise anzutreten. Die Wochen nach ihrer Abreise aus der Stadt Arkansas waren für die Reisenden voller Mühen; denn jetzt müssen sie in der Sommerhitze gegen die Strömung des größten amerikanischen Flusses paddeln. Als sie schließlich an der Mündung des Illinois ankamen und glaubten, dass dieser Weg kürzer sei als der, über den sie gekommen waren, bogen sie in seine Gewässer ein und paddelten den sanften Fluss hinauf zum See.

Auf dieser Reise den Illinois River hinauf kamen sie eines Tages zu großer Überraschung in ein Dorf, in dessen Hütten dieselben Peoria-Indianer lebten, die sie zuletzt auf der anderen Seite des Mississippi in der Stadt am Ufer des Mississippi gesehen hatten der Iowa River. Auch die Peorias waren überrascht, als sie die sieben weißen Männer und den Indianerjungen den Bach hinaufpaddeln sahen.

Hier wurden die müden Reisenden mit einer solchen Gastfreundschaft empfangen, dass sie drei Tage im Dorf verweilten. Der Indianerjunge erneuerte alte Bekanntschaften, während Marquette von Hütte zu Hütte ging und den Indianern vom Gott der Franzosen erzählte, der sie auf ihrer langen Reise beschützt und sie vor der Pest und den Katastrophen des Flusses sowie vor Folter und Mord beschützt hatte feindliche Indianerstämme. Die Peorias wiederum erzählten dem Priester von ihren Bruderstämmen entlang des Illinois River und von den Kriegen, die sie gemeinsam gegen die Sacks und Füchse des Nordens und die Banden der Irokesen aus dem Osten führten. Doch als sie dem Priester ins Gesicht sahen, sahen sie Spuren von Leid und Krankheit und wussten, dass er die lange und beschwerliche Reise nicht mit Leichtigkeit überstanden hatte.

Als sich die Reisenden zur Abreise bereit machten, versammelten sich die Indianer am Flussufer, um sich von ihnen zu verabschieden. Als sie sich gerade einschiffen wollten, brachten einige Indianer ein krankes Kind ans Ufer des Baches und baten Pater Marquette, es zu taufen. Mit großer Freude gehorchte der Priester, denn es war die erste und tatsächlich einzige Taufe auf der gesamten Sommerreise. Wenige Minuten später starb das kleine Kind.

Die Kanus wurden dann in den Bach geschoben, die Männer tauchten ihre Paddel ein und verschwanden aus dem Blickfeld, nachdem sie eine Landspitze ein kurzes Stück flussaufwärts umrundet hatten. Die Gruppe der Indianer kehrte mit der Leiche des toten Kindes zum Dorf zurück. Sie wickelten es liebevoll in die Häute wilder Tiere und legten es auf einem Gerüst aus Stangen hoch über der Reichweite umherstreifender Wölfe ab.

Der Herbst kam über das Land und durch die abgefallenen Blätter entlang der Küste zogen die jungen Indianer zwischen den Dörfern am Illinois hin und her. Von den Kaskaskias , die weiter flussaufwärts wohnten, erfuhren die Peorias , dass Marquette und Joliet im oberen Dorf angehalten hatten und dass das schwarze Gewand versprochen hatte, wiederzukommen und ihnen zu predigen. Als sie außerdem dieses Dorf verließen, ging einer der Häuptlinge der Nation mit einer Gruppe seiner eigenen Männer mit ihnen den Fluss hinauf, über die Portage und bis zum Lake of the Illinois – wie sie damals Lake nannten Michigan. Dort ließen sie die weißen Männer zurück, die tapfer die Westküste hinauf in Richtung Green Bay und der Jesuitenmission St. Francis Xavier paddelten.

In Green Bay machte Marquette mit seinen Priesterbrüdern Halt und versuchte, genug Kraft zu sammeln, um in die Dörfer von Illinois zurückzukehren. Aber Joliet ging noch weiter. Er nahm den Indianerjungen mit und reiste bis zur Siedlung an der Straße von Mackinac. Dort verbrachte der junge Inder einen Winter, wie er ihn noch nie zuvor erlebt hatte. Um ihn herum befanden sich die großen Blockhütten der Franzosen; und in den Straßen der kleinen Stadt gingen seltsame und seltsame Männer umher. Es gab dunkelbärtige Händler, Priester mit schwarzen Gewändern und Kapuzen, Fallensteller und *Coureurs de Bois* in Deckenmänteln und Pelzmützen; und Indianer aus der Umgebung der Großen Seen versammelten sich dort, um Pelze zu verkaufen und die Waffen und den Alkohol des weißen Mannes zu kaufen.

Der Indianerjunge begann bald, die Sprache der Weißen zu verstehen und zu sprechen, und am Ende des Winters konnte er sogar ein wenig auf Französisch lesen und schreiben. Er lernte schnell die Sitten der Franzosen kennen; und seine vielen attraktiven Eigenschaften machten ihn bei Joliet beliebt.

Als der Frühling 1674 kam, bestiegen Joliet und mehrere Franzosen ein Kanu und begannen mit der Abfahrt über die Großen Seen. Sie waren auf dem Weg zum Haus des Gouverneurs von Neu-Frankreich in Quebec, hoch oben auf den Felsen neben dem Sankt-Lorenz-Strom. Als Geschenk für den Gouverneur nahm Joliet den Indianerjungen mit, der seine Wanderungen im Großen Tal mit ihm geteilt hatte.

Joliet und seine Gefährten waren Wochen unterwegs und paddelten stetig am Seeufer und am Fluss entlang, durch Meerengen und vorbei an bewaldeten Inseln. Nur einmal waren sie gezwungen, ihr Kanu über ein

Portage zu tragen. Schließlich kamen sie in die Nähe der Stadt Montreal, hinter der sich der hohe Hügel erhob. Sie waren jetzt fast zu Hause, und Joliets Herz musste höher schlagen, als er an die langen Monate dachte, die er auf seiner gefährlichen Reise verbracht hatte. Bald würde er triumphierend vor Frontenac, dem Gouverneur von Kanada, erscheinen, ihm von seinen Erkundungen erzählen und ihm seine Karte und Papiere sowie das kostbare Tagebuch seiner Reise in die Hände legen. Diese Dokumente lagen neben ihm in einer Kiste auf dem Boden des Kanus, zusammen mit einigen Relikten aus dem fernen Tal des Mississippi.

Nur La Chine Rapids – die Sault St. Louis, wie sie damals genannt wurden – lagen zwischen den Reisenden und Montreal, und dann war die Straße frei und glatt bis zum hohen Felsen von Quebec. Das Kanu fuhr in das schnell fließende Wasser. Schaumbedeckte Steine sausten an ihnen vorbei. Joliet war schon oft durch diese Stromschnellen gefahren. Wahrscheinlich blickte er nach all den Gefahren, die er auf dem Großen Fluss sicher überstanden hatte, nur mit Freude auf diesen vertrauten Wasserrausch. Vielleicht kam dem Indianerjungen der Gedanke an den Dämon, den sein Volk in den wogenden Wassern des Mississippi fürchtete. Sicherlich lebte in dieser unruhigen Passage ein anderer solcher Dämon, den Tod in seiner unerbittlichen Gewalt.

Als wollte er beweisen, dass die Ängste des Indianers wahr waren, streckte der Wasserdämon seinen großen, nassen Arm aus und warf das gebrechliche Kanu um. In die heftige Strömung geworfen wurden Joliet und seine französischen Bootsleute, der Indianerjunge und die kostbare Kiste mit Papieren; während das Rindenkanu blindlings flussabwärts schaukelte. Wild kämpften die Männer im rauschenden Strom, während die Strömung ständig an ihren Beinen zerrte und mit ihren schwachen Anstrengungen spielte. Joliet kämpfte, bis ihm der Atem aus den Lungen und die Kraft aus seinen Gliedern schwand. Dann verlor er das Bewusstsein.

Die erbarmungslose Sonne bildete einen langen Bogen am Himmel über den sich hin und her bewegenden menschlichen Körpern. Vier Stunden war Joliet im Wasser gewesen, als die Fischer ihn an Land zogen und wieder zum Leben erweckten. Zwei seiner Männer ertranken; und seine kostbare Kiste mit Papieren lag irgendwo unter dem tosenden Wasser.

Und der Indianerjunge? Auch er hatte sich dem bösen Geist der Stromschnellen ergeben. Er würde nicht mehr wie ein Waisenkind von Stamm zu Stamm gehen; Er würde nicht länger mit Augen, Zunge und Fingern versuchen, die Sitten seiner neuen weißen Freunde kennenzulernen. Für immer hatte er die sanften Hügel und Bäche des Großen Tals, die grünen Prärien voller Sonnenschein und die Wälder voller Wild verlassen. Er war in das glückliche Jagdrevier seines Volkes gelangt.

KAPITEL V

DAS SCHWARZE KLEID

Im Tal des Mississippi war es wieder Sommer. Pater Marquette war immer noch krank und nicht zu den Stämmen in Illinois zurückgekehrt. Die Peorias und Kaskaskias führten in ihren beiden Dörfern am Illinois River ein angenehmes und glückliches Leben, denn in diesen sonnigen Sommermonaten war ihr Tal wunderschön und fruchtbar. In den nährstoffreichen Boden der Prärie hatten die Indianerinnen sorgfältig konservierte Samen aus dem Vorjahr gepflanzt. Und jetzt arbeiteten die jungen Mädchen auf den Feldern zwischen den langen Maisreihen und pflegten die Bohnenreben. Zu ihrer Jahreszeit wuchsen Melonen und Kürbisse in Hülle und Fülle. Die Wälder entlang des Flusses waren voller Wild; und im ruhigen Wasser des Illinois schwammen Fische zu Hunderten hin und her , ein leichtes Ziel für den schnellflügeligen Pfeil der indianischen Jugend. Weit hinten in den Ebenen zogen große Büffelherden umher, die den Indianern sowohl Sport als auch Nahrung boten. Wenn der Herbst kam, umzingelten die Indianer eine Büffelherde und zündeten dann die Prärie an, wobei sie darauf achteten, einen offenen Raum zu lassen, durch den die verängstigten Tiere entkommen konnten. Als die großen Tiere durch diese Lücke im Feuerkreis herauskamen, konnten sie von den indianischen Jägern leicht erschossen werden.

Überall flussaufwärts und flussabwärts und drüben am Lake of Illinois brach der Winter 1674 mit stechender Heftigkeit über das Land herein. Die Luft war so kalt, dass sie fast spröde war. Die Winde heulten und fegten mit Böen durch das Tal, die die Indianer frierend an ihre Feuerstellen trieben; Während der Schnee, der sich immer höher türmte, die Männer, die weit und breit auf ihren langen Winterjagden verstreut waren, oft zur Verzweiflung brachte. Manchmal waren die Hirsche so mager, dass es sich kaum lohnte, sie zu erlegen. Vom Mississippi bis zu den kalten Ufern der Seen jagten und fingen die Männer der Illinois-Stämme und handelten mit Pelzen.

Eines Tages, während dieses trostlosen Winters, schritt ein Indianer von großer Bedeutung in Illinois in das Dorf der Kaskaskias . Er war Chassagoac , der berühmte Häuptling und Pelzhändler von Kaskaskia. Als er gerade vom oberen Ufer des Michigansees kam, berichtete er, dass er in der Nähe von Green Bay mit zwei Franzosen auf Pater Marquette gestoßen sei, der sich schließlich auf den Weg zu den Dörfern von Illinois machte. Als er mit einem Hirsch auf dem Rücken ins Lager kam, teilte er sein Fleisch mit diesen weißen Männern und machte sich am nächsten Tag mit ihnen auf den Weg entlang des Westufers des Sees. Dem mutigen Priester ging es noch lange nicht gut, aber er war entschlossen, sein Versprechen gegenüber den Illinois-Indianern zu halten. Begleitet von einer Reihe von Männern aus Illinois, die auf Winterjagd waren, und von Frauen aus Illinois, die die Kanus und Ausrüstung über die Portage von Green Bay zum See gepackt hatten, machte sich die Gruppe langsam auf den Weg entlang der Küste nach Süden.

Pater Marquette verbrachte einen Teil seiner Zeit damit, die Indianer zu unterrichten; während seine beiden Männer, Pierre und Jacques, die Waffen der Indianerjäger reparierten und mit ihnen auf die Jagd nach Wild gingen. Ihre Kanus waren zu zerbrechlich, um dem Wetter standzuhalten, das jetzt am Ufer des Sees herrschte. Treibendes Eis trieb sie immer wieder an Land. Regen, Graupel und heftige, eisige Winde hielten sie tagelang vom Wasser fern, während tiefer Schnee ihr Vorankommen an Land behinderte.

Anfang Dezember erreichten sie die Mündung des Chicago River, wo die Weißen, einige Meilen landeinwärts vordringend, eine einfache Hütte bauten und ihr Lager für den Winter fertig machten. Marquette litt immer noch sehr und konnte nicht weiter. Hier verließen Chassagoac und seine Anhänger aus Illinois die Partei und kamen ins Dorf; aber nicht bevor sie von dem Weißen für drei feine Biberfelle eine Elle des französischen Tabaks gekauft hatten. Dann waren sie weitergereist, um die Nachricht zu überbringen, dass das Schwarze Kleid im Frühjahr kommen würde. Die Freude unter den Illinoisern war groß.

Wochen waren vergangen, als Jacques, der Diener des Priesters, in eines der Lager in Illinois kam und erzählte, wie der Schwarze Kittel krank in der Hütte am See lag. Daraufhin schickten die Indianer eine Delegation mit Mais und Trockenfleisch sowie Kürbissen und Biberfellen zurück. Mit diesen Geschenken verlangten sie Pulver und andere Waren. Der Priester antwortete, dass er gekommen sei, um den Frieden zu fördern – dass er nicht wolle, dass sie gegen die Miamis Krieg führten – und dass er ihnen daher kein Pulver schicken könne; aber er belud sie für ihre zwanzig Meilen lange Reise mit Beilen, Messern, Perlen und Spiegeln.

Nun geschah es, dass es zwei weiße Händler gab, die sich ebenfalls in das Land Illinois gewagt hatten; und aus ihren Hütten brachten sie dem kranken Priester Vorräte. Einer dieser Männer, der sich Chirurg nannte, blieb eine Weile in der einsamen Hütte von Marquette, froh, der Messe zuzuhören und zu tun, was er konnte, um die Leiden des schwarz gekleideten Vaters zu lindern.

Mit überaus großer Freude begrüßten die Weißen in ihren Hütten am See und die Indianer in ihren Jagdlagern und Dörfern entlang des Flusses die wärmeren Winde aus dem Süden, die das Eis im Fluss aufbrachen und die winterliche Festung öffneten hatte das Land gebunden. Es tauchten wilde Tiere auf und es gab wieder reichlich Fleisch. Der Schnee schmolz zu rauschenden Bächen herab oder versank in der freundlichen Erde. Als die

Sonne am Mittag wärmer wurde, bereiteten sich die indischen Frauen auf die Pflanzsaison vor.

Am 8. April des Jahres 1675 ertönte im Dorf Kaskaskia ein Willkommensruf, denn der lang erwartete Priester war gekommen. Dieser ruhige Mann mit freundlichem Gesicht und sanftem Auftreten befand sich unter Freunden, die mit Trauer die Zeichen der Krankheit betrachteten, die sich in sein geduldiges Gesicht eingeprägt hatten. Sie wussten genauso gut wie er, dass er nicht mehr viele Monate zu leben hatte. Aber sie sahen auch eine wunderbare Freude auf seinem Gesicht, denn der Priester hatte das einzige große Ziel erreicht, das ihm in den erschöpfenden Wochen des Leidens Halt gegeben hatte – er war wieder gekommen, um den Illinois-Indianern zu predigen.

In einer Hütte nach der anderen sprach der gute Vater zu den Häuptlingen und Kriegern, die sich versammelt hatten, um ihm zuzuhören. Da ihm die Hütten zu klein waren, hielt er ein großes Treffen unter freiem Himmel auf einer weiten Prärieebene ab. Hier versammelte sich das ganze Dorf. Die Häuptlinge und Ältesten setzten sich neben den Priester; und um sie herum standen Hunderte junger indischer Tapferer; und noch weiter vom Zentrum des riesigen Kreises roter Männer entfernt versammelten sich die Frauen und Kinder des Stammes. Er redete lange mit ihnen und überreichte ihnen bei jeder Botschaft Geschenke nach der Art indischer Ratsversammlungen .

Dies war der letzte Besuch des schwarz gekleideten Priesters bei den Illinois-Indianern. Seine Kräfte ließen ihn bald nach, und mit Jacques und Pierre machte er sich auf den Weg zurück flussaufwärts und hinüber zum See, in der widernatürlichen Hoffnung, dass er die Mission von St. Ignace in Mackinac erreichen würde, bevor er starb. Freundliche Indianer begleiteten sie mehr als dreißig Meilen und kämpften miteinander um das Privileg, seine wenigen Habseligkeiten tragen zu dürfen.

Schließlich erreichten sie den See und gingen an Bord. Jacques und Pierre paddelten mit dem Kanu am Ufer entlang, während der Priester mit jedem Tag schwächer wurde. Er hatte immer darum gebetet, dass er wie sein Schutzpatron, der heilige Franz Xaver, in der fernen und einsamen Wildnis seines Dienstes sterben möge. Eines Freitagabends, etwa Mitte Mai, teilte er seinen Gefährten mit großer Freude mit, dass er morgen sterben würde. Als sie an der Mündung eines kleinen Flusses vorbeikamen, deutete Marquette auf einen niedrigen Hügel daneben und bat seine beiden Männer, ihn dort zu begraben.

Sie trugen ihn an Land und bauten zu seinem Schutz eine einfache Hütte aus Rinde. Dort starb er am Samstag, dem 18. Mai 1675, in aller Stille. Er wurde von seinen beiden Männern auf dem von ihm gewählten Hügel begraben; und über seinem Grab läuteten sie seine kleine Kapellenglocke und errichteten ein grobes Kreuz, um die Stelle zu markieren.

Einige Zeit später kam eine Gruppe Kiskakon- Indianer, die von einem Jagdausflug zurückkehrten, an der Stelle des einsamen Grabes vorbei. Sie kannten Pater Marquette schon vor Jahren, als er am Ufer des Lake Superior lebte. Nun beschlossen sie, seine sterblichen Überreste zur Kirche der St. Ignace-Mission zu bringen. Ehrfürchtig sammelten sie die kostbaren Knochen ein, trockneten und bereiteten sie nach ihrer eigenen indianischen Art zu, legten sie in eine Kiste aus Birkenrinde und trugen sie feierlich mit einem Konvoi von dreißig Kanus zur Mission in Mackinac. Dort wurden in einem Gewölbe der Kirche die sterblichen Überreste von Pater Marquette zu Ehren der Beerdigung beigesetzt; und dort verehrten Priester und Händler sein Andenken und Indianer kamen, um an seinem Grab zu beten.

Und draußen im Tal des Illinois betrauerten die Stämme, zu denen er seine letzte Pilgerreise unternommen hatte, den Tod ihres sanftmütigen Besuchers; und die Peorias dachten oft an den Tag im Juni, als sie ihren täglichen Beschäftigungen auf Feldern oder Hütten, in der Prärie oder an den Bächen nachgingen, als der schwarz gekleidete Priester und sein französischer Begleiter den kleinen Pfad hinaufgegangen waren und auffielen um sie im herrlichen Sonnenschein in ihrem alten Dorf am Ufer des Iowa River zu treffen.

KAPITEL VI

„Die Irokesen kommen"

„Die Irokesen kommen!" Es war ein Schrei, der selbst den Mutigsten unter den Illinois-Indianern das Herz erschütterte. Wild wie der Nordwestwind im Winter hatten die grausamen, blutrünstigen roten Männer aus dem Osten Schrecken auf ihrem Weg entlang der Großen Seen und bis zum Mississippi verbreitet. Unten in der Nähe der Mündung des Ohio hatten Marquette und Joliet auf ihrer denkwürdigen Reise im Jahr 1673 die Shawnee gefunden, die in tödlicher Angst vor den Kriegern der Fünf Nationen lebte.

Seit diesem denkwürdigen Sommer waren fünf Jahre in den Lodges der Peorias und Kaskaskias vergangen; Aber in den Dörfern im oberen Becken des Großen Tals herrschte immer noch Angst. Drei Jahre Winter- und Sommerjagden, reifender Mais und schneebedeckte Landschaften waren im Tal des Illinois vergangen, seit der schwarz gekleidete Marquette, sanftmütig und todkrank, sich von den jungen Kaskaskia-Indianern verabschiedet hatte und reiste mit seinen beiden Männern am Ufer des Lake of the Illinois entlang, um nie wieder lebend gesehen zu werden, außer von seinen beiden treuen Gefährten.

Während all dieser Jahre flüsterten die indischen Frauen in den Logen untereinander ihre Ängste; und während die Männer ihre steinernen Pfeilspitzen zerschlugen oder ihre starken Bögen formten, beteten sie zu ihren Manitoren, dass, wenn die Irokesen kämen, die Steinspitzen gerade und sicher fliegen würden, damit ihre Hütten nicht verbrannt würden und die nackten, heulenden Männer des Ostens tragen Folter und Tod unter ihren Frauen und Kindern.

Die Irokesen kamen. Im Jahr 1678 fielen Kriegstrupps dieser wilden Stämme in das Tal des Illinois ein. Draußen auf den bewaldeten Ebenen rückten die verbündeten Stämme ihnen entgegen; während die Frauen und Kinder und die alten Männer der Dörfer voller Angst und Furcht warteten, bis Läufer atemlos kamen, um ihnen von der Abwehr des verhassten Feindes zu berichten. Diesmal wurden die Dörfer gerettet, aber die Angst verschwand mit dem Sieg nicht. Das Tal lag wie eine uralte Festung, deren Verteidiger die Belagerer abseits der Mauern bekämpft hatten, aber dennoch auf ihren Armen schliefen, in ständiger Angst vor einem noch tödlicheren Angriff.

Im selben Jahr, 1678, ließ sich Allouez, ein weiterer schwarz gekleideter Priester, unter den Indianern des Dorfes Kaskaskia nieder. Er war im Frühjahr des Vorjahres für ein paar Wochen zu ihnen gekommen, als sich acht Stämme der Illinois-Nation im Dorf der Kaskaskias versammelt hatten

, um ständig bereit zu sein, die Invasionen der Irokesen abzuwehren. Jetzt war der Priester gekommen, um ihre Kinder zu taufen und ihnen mehr über den seltsamen Manitou beizubringen, von dem Marquette ihnen zuerst erzählt hatte. Mitten in der Stadt war ein riesiges, sieben Meter hohes Kreuz errichtet worden, und die Indianer hörten respektvoll zu, während er die Messe sang und ihnen predigte.

Der Winter mit seiner langen Jagdsaison verging; der Fluss ist zugefroren und wieder aufgetaut; die Zeit des Pflanzens kam erneut; und die Kinder spielten wieder die langen Sommerstunden in der Sonne. So entwickelten sich die Ereignisse zu den seltsamen Ereignissen des folgenden Winters. Im Dorf Kaskaskia hatten die Frauen und Mädchen die Maisernte gesammelt und sie in Verstecken oder Gruben verstaut, die in den Boden gegraben, mit Binsen und Zweigen ausgekleidet und für den langen Winter abgedeckt waren. Es war ein kostbarer Vorrat, denn es musste Mais für die Frühjahrsaussaat und Nahrung liefern, bis die nächste Ernte eintraf. Als dann die Blätter eines nach dem anderen von den Bäumen am Fluss fielen und die kälteren Winde kamen, machte sich das ganze Dorf auf den Weg zur Winterjagd.

Es war die Nacht vor Weihnachten im Jahr 1679, und Allouez, der schwarzgekleidete Priester, verweilte immer noch im Dorf Kaskaskia und dachte höchstwahrscheinlich an den Weihnachtsabend in seinem geliebten Frankreich weit jenseits des Ozeans, wo inmitten der Lichter von hundert Bei Kerzenlicht hielten Priester die Mitternachtsmesse. Oder vielleicht dachte er an den hohen Felsen von Quebec, wo eine Grenzsiedlung stirnrunzelnd über dem Fluss Wache hielt. Selbst es war Hunderte Meilen näher an der Zivilisation als er.

Aber horcht! Es gab ein Geräusch, das den Priester aus seinen Träumereien riss und zurück in den Wald und die Felsen entlang des schneebedeckten Flusses der Wildnis führte. Aus der Dunkelheit kam eine Gruppe Indianer – junge Tapfere aus einigen umherziehenden Gruppen von Miamis und Mascoutins . Allouez kannte diese Stämme gut, denn er hatte vor Jahren mit ihnen in ihrem Dorf in der Nähe der Portage des Fox River gelebt. Seltsam und aufregend waren die Neuigkeiten, die sie ihm heute Nacht überbrachten. Auf dem Gesicht des Priesters vertiefte sich die Besorgnis, als er seine wenigen Habseligkeiten zusammensuchte und sich über den Schnee und durch die Wälder auf den Weg zum Dorf der Miamis und Mascoutins machte .

Das Dorf der Kaskaskias am Nordufer des Illinois lag jetzt still und verlassen. Allein die einsamen Hütten und die gut gefüllten Verstecke zeugten davon, dass die Indianer zurückkehren würden. Viele Meilen flussabwärts lag das Dorf der Peorias . Auch hier waren die jungen Männer auf Winterjagd; aber die älteren Männer und die Frauen und Kinder waren immer noch im Dorf. Mit ihnen waren Nicanopé , der Bruder von Chassagoac , und viele andere vom Stamm der Kaskaskia.

Von der Nachricht, die Allouez im oberen Dorf so alarmiert hatte, war nicht die geringste Spur bei den Peorias angekommen . Abgesehen von der allgegenwärtigen Angst vor den Irokesen, die in den Köpfen aller Indianer lauerte, lebten sie so friedlich, wie es die Strapazen des Winters zuließen. Rauch aus ihren Hütten stieg in den winterlichen Himmel auf oder verzog sich nach Süden und Osten, wenn der Wind über die Ebenen fegte. Der Fluss war offen, und am Ufer lagen auf beiden Seiten Pirogen – schwere Kanus, fünfzig Fuß lang und groß genug, um mehr als zwanzig Männer aufzunehmen.

Es waren weniger als zwei Wochen vergangen, seit Allouez aus dem Oberdorf geflohen war. Die Sonne war schon eine Stunde oder länger aufgegangen, und im Dorf Peoria herrschte geschäftiges Treiben. Krieger und alte Männer stolzierten hier und da in ihren Wintergewändern aus Büffelfell oder saßen rauchend da und blickten friedlich auf den Fluss und den Himmel. Die stets geschäftigen Frauen saßen da und webten Binsenmatten oder sammelten Holz. Kinder spielten im Freien, und auf der Sonnenseite der Hütten hatten eifrige Mütter bereits die braunen Papos aufgestellt, die wie kleine Mumien in den Wiegen lagen.

Dann ertönte der wilde Ruf „Die Irokesen", der das Dorf erschütterte, als würde ein Pfeil einen Vogelschwarm aufschrecken. Hinter einer vorspringenden Stelle strömte eine lange Reihe Kanus flussaufwärts hervor. Es folgte eine unbeschreibliche Verwirrung. Auf beiden Seiten des Flusses sprangen Männer nach Pfeil und Bogen; während Frauen, die sich kaum Zeit machten, ihre Babys zu ergreifen, zwischen den Hütten hin und her huschten und weiter in die freundlichen Wälder auf dem Hügel. Mit ihnen flohen die jungen Mädchen und Kinder wie verängstigte Kaninchen.

Inzwischen trug die Strömung des Flusses die Kanus ins Dorf. Sie wandten sich nach links, und eine große Gestalt sprang aus dem nächstgelegenen Kanu zum Ufer und stand dann still da und beobachtete die Verwirrung der Dorfbewohner. Einige der Krieger flohen mit den Frauen in den Wald. Andere mit scharfen Waffen wollten gerade die Neuankömmlinge angreifen, als ein Schrei von einem ihrer Häuptlinge am anderen Ufer sie innehalten ließ. Er hatte gesehen, dass die mit Waffen bewaffneten und kriegsbereiten Männer aus den Kanus bei ihrem ersten wirren Kampf um Waffen zwar ein Dutzend Illinois hätten abschießen können, aber keinen einzigen Schuss abgefeuert hatten. Diese Männer waren offensichtlich keine Irokesen, sondern Franzosen, die offenbar eher auf Frieden als auf Kampf aus waren.

Peorias erhoben , und ein weiteres wurde von den Franzosen angeboten. Die Kanus wurden ans Ufer gezogen, und gemeinsam gingen die Weißen und die Dorfbewohner zu den Hütten. Alte Männer tauchten aus den Wäldern auf und Frauen kamen aus ihren Verstecken. Kinder schauten mit wachsamen Augen in die Gesichter von drei Brüdern, Vätern des Recollet-Ordens in grauen Gewändern und spitzen Kutten, die sie bei der Hand nahmen und freundliche, aber unverständliche Worte ausstießen.

In den Logen begrüßten die Krieger und Häuptlinge die Besucher – nachdem die Angst vor einem Angriff der Irokesen nachgelassen hatte – mit allen Zeichen ihres guten Willens. Sie rieben ihre Füße mit Bärenöl und Büffelfett ein und fütterten sie mit dem Besten, was das Dorf zu bieten hatte. Dann setzten sie sich zu einem Friedensrat zusammen, bereit, die Botschaft der weißen Männer zu hören. Chassagoac war auf der Jagd, und so war sein Bruder Nicanopé der ranghöchste der anwesenden Indianerhäuptlinge.

Unter den Franzosen in diesem Rat gab es mutige Männer; und die Indianer blickten mit leuchtenden Augen auf die große Gestalt des weißen Häuptlings, der als erster aus seinem Kanu gesprungen war, und auf das dunkle Gesicht eines anderen Mannes, der als nächstes das Kommando zu haben schien. Dieser zweite Mann hatte im Kanu am anderen Ende der Linie gesessen, die zum Dorf hinuntergefahren war. Er gehörte zu den Letzten, die an Land kamen; Aber etwas Ungewöhnliches und seltsam Unbeholfenes an seinen Bewegungen erregte schnell die Aufmerksamkeit der Indianer. Im Rat jedoch richteten sich ihre Augen von dem dunkelhäutigen, schwarzhaarigen Leutnant auf den großen weißen Anführer, der sich erhob, um zu sprechen.

Robert Cavelier , Sieur de La Salle, war ein Mann, der noch nicht im mittleren Alter war, aber ein unbezwingbarer Wille und eine ruhelose und unaufhörliche Aktivität hatten seine Jahre bereits mit den Erfahrungen eines gewöhnlichen Lebens überfüllt. Kein Inder konnte seine kalten, fein gemeißelten Gesichtszüge und seine unerschütterlichen Augen betrachten, ohne die unerbittliche Kraft des Mannes zu spüren. Sie hörten seinen Worten mit stiller Aufmerksamkeit zu.

Er schenkte ihnen Martinique-Tabak und einige Beile und sagte, er wolle ihnen zunächst etwas erzählen, was er getan habe, und es ihnen erklären. Ein paar Tage zuvor waren er und seine Männer viele Meilen flussaufwärts in das Dorf ihres Bruderstammes, der Kaskaskias , gekommen. Das Dorf war leer, wo sie gehofft hatten, freundliche Indianer mit Essen zu finden. Sie waren nicht in der Lage, Wild zu töten, und drohten zu verhungern. Sie wussten genau, wie wertvoll der Mais war, der in den Lagern der verlassenen Stadt versteckt war, aber in ihrer Not hatten sie sich etwas davon geliehen; und nun wollten sie es mit Geschenken bezahlen oder es den Peorias zurückgeben , wenn die Indianer es nicht entbehren könnten. Gleichzeitig fügte er hinzu , dass er, wenn sie ihn nicht mit Essen für seine Männer versorgen könnten, den Fluss hinunter zu ihren Nachbarn, den Osages, gehen und dort die Schmiede errichten würde, die er mitgebracht hatte, um ihre Messer und Beile zu reparieren und herzustellen ihnen neue Werkzeuge für den Kriegspfad und die Verfolgung.

Hinter den teilnahmslosen Gesichtern von Nicanopé , Omawha und anderen Häuptlingen verbargen sich Köpfe, die sich einer neuen Situation bewusst waren. Dieser Mann war nicht nur ein schwarzes Gewand, er kam zu ihnen, um zu predigen und ihre Sterbenden zu taufen; Er war auch kein einsamer Händler, kein *Coureur de Bois* , der seinem kühnen Beruf nachging, dem Fallenstellen, Jagen und Pelzhandel. Hier war ein großer Häuptling mit Männern im Rücken, ein Krieger mit feuerspeienden Gewehren, ein Händler mit Kanus voller Beile, Messer und Tabak und einer Schmiede, um ihre Waffen in Ordnung zu halten und sie zu neuen zu machen. Sicherlich war er ein großer und mächtiger Mann, der an diesem kalten Wintertag in ihr Land gekommen war, und es wäre gut für die Stämme von Illinois, wenn er unter ihnen bleiben würde.

Aber was sagt er da? Er spricht von den Irokesen. Auch sie sind Untertanen des Königs der Franzosen. Sollten jedoch die kühnen Irokesen über sie herfallen, würden La Salle und seine Anhänger den Illinois zur Seite stehen, ihnen Waffen geben und ihnen helfen, ihre Dörfer vor den Angriffen der Fünf Nationen zu schützen. Nur mussten sie ihm erlauben, in der Nähe ihres Dorfes eine Festung zum Schutz seiner Männer zu errichten. Er wollte auch ein großes Kanu bauen, groß genug, um alle seine Männer und sein Hab und Gut aufzunehmen, und damit den Illinois hinunter zum Mississippi und von dort auf dessen breitem Strom bis zu seiner Mündung in den Golf von Mexiko fahren können – damit er noch mehr Beile und Geschenke zurückbringe.

Die Indianer waren überglücklich. Viele der Kaskaskias waren anwesend, darunter auch Nicanopé , einer ihrer Häuptlinge. Sie sagten La Salle, er solle das Mais, das er im oberen Dorf genommen hatte, behalten und flehten ihn an, bei ihnen zu bleiben und seine Schmiede und seine Festung zu bauen. Wenn er den Fluss hinabsteigen wollte, der durch das Große Tal floss, würde er feststellen, dass dies eine einfache Wasserstraße und das Land, durch das er floss, ein Land voller Schönheit und Fülle war.

Schließlich endete die Konferenz und die Indianer zogen sich voller Freude in ihre eigenen Lodges zurück. Unter ihnen war keiner glücklicher als Häuptling Omawha , denn La Salle hatte ihm besondere Gunst erwiesen und ihm zwei Beile und eine Reihe Messer geschenkt.

Kapitel VII

DER GEHEIME RAT

Die Nacht brach herein, kalt und still. Im Fluss wuchsen die schwimmenden Eispartikel zu einer festen Schicht, bis der Bach von Ufer zu Ufer bedeckt war. Nachdem sich La Salle mit seinen Männern in die zugewiesenen Quartiere zurückgezogen hatte, stellte er Wachen rund um die Hütten auf und schlief ein. In ihren eigenen langen Hütten rollten sich die Indianer in Decken ein und träumten vielleicht vom Kriegspfad und der triumphalen Rückkehr der Krieger, die die Skalps der Irokesen trugen.

In der Dunkelheit im Nordosten marschierten ein halbes Dutzend Indianer ruhig den Weg zum Dorf entlang. Sie waren mit Lasten beladen. Sie schlüpften heimlich ins Dorf und gelangten zur Hütte des Häuptlings. Bald schlichen verstohlene Gestalten indianischer Männer aus dieser und jener Hütte, bis sich die Häuptlinge und Krieger zu einem geheimen Nachtrat mit den Fremden aus dem Nordosten versammelt hatten.

La Salle und seine Männer schliefen friedlich weiter, während Nicanopé und Omawha und ihre Freunde im Kreis saßen und den Worten der nächtlichen Besucher lauschten. Monso , ein Mascoutin- Häuptling, war der Sprecher, und mit ihm waren fünf oder sechs Miamis . Die Lasten, die sie trugen, waren Kessel, Beile und Messer als Geschenke zur Begleitung der Geschichte, die sie den Illinois so heimlich erzählen wollten. Und das war ihre Botschaft. La Salle war ein Freund der Irokesen. Sogar jetzt war er auf dem Weg zu den Feinden der Illinois am Great River dahinter. Er würde diesen Feinden Waffen und Munition geben und mit ihnen aus dem Westen zurückkehren, während die Irokesen von Osten her näher kamen. So umzingelt und gefangen würden die Illinois ihrem Untergang entgegengehen. Ihre einzige Hoffnung bestand darin, La Salle daran zu hindern, weiter vorzudringen und sich ihren Feinden am Mississippi anzuschließen.

Monso übermittelte seine Botschaft mit Wirkung; und Angst überkam die Männer des Peoria-Dorfes, als sie über die Warnung nachdachten, die ihnen in diesem seltsamen Nachtrat zugegangen war. Unter dem Lehmboden der Hütte vergruben sie die Geschenke, die Monso mitgebracht hatte. Nachdem die Fremden ihre beunruhigenden Neuigkeiten mitgeteilt hatten, schlüpften sie in die Dunkelheit hinaus und verschwanden so leise, wie sie gekommen waren. während die Peoria-Männer zu ihren Hütten zurückkrochen und versuchten, den Alarm zu vergessen, den Monso ins Dorf gebracht hatte.

Bei dem geheimen Rat, in dem Monso und die Miamis ihre Geschichte erzählten, gab es jemanden, der die Angst seiner Kameraden nicht teilte; aber er sagte nichts. Der Häuptling Omawha saß während des gesamten Rates still und ohnmächtig zusammen mit seinen Häuptlingsbrüdern, ohne ein Wort zu sagen. Doch am frühen Morgen kam er heimlich nach La Salle und erzählte ihm die Geschichte der Nacht.

Wie auf der Flussseite, die seit der Ankunft der Franzosen zugefroren war, hatte sich am Morgen die Stimmung der Illinois-Indianer verändert. Gestern waren sie glücklich und freundlich, voller Lächeln und guter Worte für La Salle und seinen dunkelhäutigen Begleiter und die zwanzig und noch mehr ihrer Männer. Heute waren sie kalt und misstrauisch. Sie glaubten Monso und fürchteten sich – fürchteten um ihre Häuser und um das Leben jedes Mannes, jeder Frau und jedes Kindes der Stämme. Die Angst vor den Irokesen kam ihnen wieder in den Sinn, als sie in den mächtigen Franzosen die Verbündeten ihrer Feinde sahen. Die kalte Wintersonne erreichte ihren höchsten Stand am Himmel und begann ihre Reise nach Westen. Es muss etwas getan werden, und zwar sofort, sonst sind sie verloren.

Nicanopé teilte der Loge von La Salle mit, dass er ein Fest für ihn und seine Männer vorbereiten würde. Plötzlich marschierte die seltsame Prozession weißer Männer auf dem Weg zum Fest durch die Straßen der Indianerstadt. Vom Eingang jeder Lodge aus beobachteten neugierige Indianer die Besucher. Die meisten von ihnen folgten vielleicht den Bewegungen von La Salle – mit langen Gliedern und festem Gesicht, mit scharfen Augen und Haaren, die über seinen Kragen herabflossen. Aber viele Blicke wanderten von ihm zu seinem dunkelgesichtigen, schwarzhaarigen Begleiter, der offenbar der Stellvertreter war und dessen rechter Arm beim Gehen mit einer eigentümlichen Schwere an seiner Seite hing. Dieser Mann war Henry de Tonty; und in der ganzen westlichen Welt schlug kein mutigeres Herz als seines. Auch der tapfere La Salle hatte in den bevorstehenden unruhigen Tagen keinen treueren Freund und Anhänger.

Außer diesen beiden Männern gab es vielleicht dreißig Franzosen – einige von ihnen waren wettergegerbt und verfügten über viele Jahre Erfahrung in der Wildnis, andere waren jung und vor kurzem aus dem fernen Frankreich angekommen. Hier waren auch drei Mönche in langen Roben und Sandalen, nicht in Schwarz gekleidet wie Marquette und der kürzlich verstorbene Allouez, sondern in grauen Gewändern und Kapuzen. Einer war jung und klein und kräftig; einer war alt, aber voller Elan. Der Dritte ging mit pompösem Schritt, und auf seinem runden Gesicht lag ein selbstgefälliger Stolz.

In der Loge, in der das Fest stattfinden sollte, betraten die Weißen die Reihen und setzten sich zu den Häuptlingen und Männern der Illinois-Stämme. Es waren weniger als vierundzwanzig Stunden vergangen, seit die Mitternachtsbesucher aus dem Dorf Miami in derselben Lodge leise ihre Geschichte erzählt hatten. Es war nicht nur ein Fest, das gefeiert werden sollte; Denn in den Köpfen der Illinoiser herrschte die Entschlossenheit, diese kühnen Männer auf irgendeine Weise daran zu hindern, ihre westlichen Feinde aufzuwiegeln. Als sie die beiden Anführer und ihre Gruppe betrachteten, waren ihre Gedanken feindselig, obwohl ihre Augen es nicht zeigten. Ja, La Salle und seine Männer müssen aufgehalten werden. Und während sie auf Matten auf dem Erdboden der Hütte hockten und auf das Fest warteten, erhob sich der Häuptling Nicanopé und begann zu sprechen.

Er habe die weißen Männer nicht dorthin gebracht, sagte er, um ihre Körper zu verwöhnen, sondern um sie von dem seltsamen Wahnsinn zu heilen, der sie befiel, als sie den Mississippi hinunterfuhren. Niemand ging dorthin, außer bis zu seinem Tod. Entlang der Küste lebten schreckliche Stämme, die die Franzosen durch ihre zahlenmäßige Überlegenheit überwältigen konnten. Das Wasser des Flusses war voller riesiger Schlangen und tödlicher Monster. Selbst wenn ihr großes Kanu sie vor diesen Gefahren rettete, floss der Flusskanal über Stromschnellen und stürzte in Strömen über steile Abgründe und stürzte schließlich in einen großen Abgrund, wo er unter der Erde verschwand und kein lebender Mensch wusste, wo er war ging. Dies wäre das schreckliche Schicksal der Franzosen, wenn sie ihre Reise weiter fortsetzen würden.

Die Peorias hockten schweigend da, während sie der Warnung des Häuptlings lauschten. Sicherlich würden die weißen Männer solche Gefahren nicht wagen. Sie beobachteten die Gesichter von La Salle und seinen Anhängern und spürten einen Anflug von Angst. Auf den Gesichtern von La Salle und Tonty bewegte sich kein Schatten. Hier und da befanden sich unter ihren Männern *Coureurs de Bois* – Männer, die im westlichen Land gelebt hatten und die Worte von Nicanopé verstanden . Sie übersetzten sie flüsternd an ihre Kameraden. Unruhige Blicke huschten über die Gesichter dieser weniger erfahrenen Abenteurer, und die scharfen Augen der Peorias erhaschten Angst und Bestürzung auf den Gesichtern vieler französischer Reisender. Ihre eigenen Herzen freuten sich über diese Zeichen der Besorgnis, aber ihre Gesichter zeigten nichts außer ruhiger Unbekümmertheit.

Aber in den Worten von La Salle fanden sie wenig Trost, als er seinerseits aufstand, um zu antworten. Für die Freundlichkeit Nicanopés , sie zu warnen, dankte er ihm sehr herzlich. Aber er ließ sich nicht einschüchtern. Wenn die Gefahren groß wären, wäre ihre Herrlichkeit umso größer. Die Franzosen seien glücklich, sagte er, zu sterben, weil sie den Namen ihres großen Häuptlings bis ans Ende der Welt trugen. Er glaubte, dass die von Nicanopé erzählte Geschichte von tödlichen Gefahren entweder durch den freundlichen Wunsch der Illinois, die weißen Männer in ihrem Dorf zu behalten, oder durch einen bösen Geist ausgelöst wurde, der misstrauische Worte geflüstert hatte. Wenn die Illinois wirklich freundlich zu ihm wären, sollten sie ihm offen sagen, was sie beunruhigte. Sonst muss er glauben, dass die Freundschaft, die sie zunächst gezeigt hatten, nur von ihren Lippen kam.

Nicanopé , entmutigt über das Scheitern seiner List, gab keine Antwort, sondern präsentierte seinen Gästen Essen. Als sie schweigend Sagamite , Wildbret und Büffelfleisch gegessen hatten , erhob sich La Salle erneut und setzte seine Rede fort. Es überraschte ihn nicht, dass die anderen Stämme neidisch auf die Vorteile waren, die die Illinois aus ihren Beziehungen zu den Franzosen ziehen würden, und es wunderte ihn auch nicht, dass die anderen Stämme falsche Gerüchte verbreiteten; aber er war erstaunt darüber, dass die Illinois diese Geschichten glaubten und sie vor ihm verheimlichten, der so offenherzig gewesen war. Dann drehte er sich um und richtete seine Worte an den erstaunten Nicanopé :

„Ich habe nicht geschlafen, mein Bruder, als Monso letzte Nacht heimlich seine Geschichten gegen die Franzosen erzählte und sagte, ich sei ein Spion der Irokesen. Unter dieser Loge sind noch immer die Geschenke begraben, mit denen er Sie von der Wahrheit seiner Geschichte überzeugen wollte. Warum nahm er seinen Flug so schnell an? Warum hat er nicht bei Tageslicht mit Ihnen gesprochen, wenn er die Wahrheit gesagt hat?“

Die Illinois saßen schweigend da, aber mit aufgeregtem Geist. Erstaunen und Ehrfurcht erfüllten ihre wachsamen Augen. Was für ein Mann war das, der, obwohl er in seiner Hütte schlief, die verborgenen Geheimnisse ihres Mitternachtsrats erriet? Welche große Medizin gab ihm Macht über die Dinge der Nacht und des Tages? Konnte er ihre Gedanken lesen? Die klingende Stimme des weißen Mannes fuhr fort: –

„Wissen Sie nicht, dass ich Sie alle hätte töten können, wenn ich es in Ihrer Verwirrung bei meiner Ankunft gewollt hätte? Welchen Bedarf hatte ich an irokesischen Verbündeten? Könnte ich nicht in dieser Stunde mit meinen Soldaten alle eure Häuptlinge und alten Männer abschlachten, während eure jungen Männer auf die Jagd gehen? Schauen Sie sich unsere Lasten an. Sind sie nicht eher Werkzeuge und Waren zu Ihrem Vorteil als Waffen, mit denen Sie Sie angreifen können? Lauf diesem Lügner hinterher, Monso . Bring ihn zurück und lass ihn mir gegenübertreten, den er noch nie gesehen hat, dessen Pläne er aber zu kennen vorgibt.“

Es entstand eine kurze Pause. Nicanopé hatte kein Wort zu sagen. Monso war verschwunden und Schnee war auf seine Spuren gefallen. Sie konnten ihn nicht aufspüren und zurückbringen. Ihre Pläne waren gescheitert. Der Anführer der Franzosen war für sie nun ein Mann des Staunens und des Schreckens. Nur Omawha von allen Illinois verstand, aber er sagte kein Wort. Rote und Weiße verließen das Fest und kehrten in ihre Hütten zurück. Die bewaldeten Hügel auf der anderen Seite des zugefrorenen Flusses verschluckten die Wintersonne und die frühe Dämmerung senkte sich über die weiße Landschaft.

Bei den den Franzosen überlassenen Hütten stellte La Salle eine Wache auf und legte sich dann zum Schlafen nieder. Nach einem letzten Blick auf das Dorf drehte sich Tonty zwischen den Roben um. In den anderen Hütten lagen auf Matten ausgestreckt und in Büffelfelle gehüllt indische Männer und schliefen oder dachten an die seltsamen Ereignisse der vergangenen Nacht und des Tages, die vergangen waren. Wenn jemand zugesehen hätte, was vielleicht der Fall war, hätte er eine zweite nächtliche Versammlung gesehen – dieses Mal im Schatten der Logen der Franzosen. Sechs Gestalten tauschten heimlich Worte und Zeichen aus; und schlich dann lautlos an der am weitesten entfernten Hütte vorbei und über den Schnee hinaus zum Dorf der Miamis , aus dem Monso gekommen war. Sie gehörten zu den Franzosen, deren Gesichter die aufmerksamen Indianer angesichts der Worte von Nicanopé Anzeichen von Angst gesehen hatten .

Eine Stunde verging, als ein neues Licht den Himmel und die Wälder zu berühren begann. Aus der Hütte von La Salle trat die große Gestalt des Anführers in die kalte Morgenluft. Er sah sich überrascht um. Keiner seiner Männer war auf der Hut. Mit schnellem, wildem Schritt besuchte er eine der Hütten nach der anderen. In einem von ihnen fand er nur einen einzigen Franzosen, dessen Begleiter ihn nicht in ihr Komplott aufgenommen hatten.

Tonty erwachte und fand seinen Anführer neben sich, der ernste Neuigkeiten auf den Lippen hatte. Sechs ihrer Männer – Feiglinge und Schurken – hatten die Gefahren der Entblößung und des Hungers den Gefahren vorgezogen, die Nicanopé beschrieben hatte. Sie hatten ihre Position als Wächter ausgenutzt, um ihren Anführer im Stich zu lassen, in der Hoffnung, das Dorf zu erreichen, aus dem Monso gekommen war.

KAPITEL VIII

DIE FESTUNG GENANNT CRÈVECŒUR

Zehn Tage lang war die Luft eiskalt, und der Fluss neben dem Dorf Peoria blieb gefroren. In den Herzen der Peorias blieb die Kälte der Angst, denn trotz seiner Denunziation gegenüber Monso konnten sie ihre Zweifel am französischen Häuptling nicht zerstreuen; und die gefürchtete Invasion der Irokesen, die sie jahrelang verfolgt hatte, war in ihren Gedanken sehr präsent, als die Franzosen unter ihnen vorbeigingen.

Wenn Inder einmal sehen, wie ihre Angst in der Öffentlichkeit verraten wird, vergessen sie das nie; und jetzt hatten die Peorias für einige von La Salles Männern nur Verachtung übrig, denn nicht alle, die angesichts der Worte von Nicanopé Angst gezeigt hatten , waren in den Wald geflohen. Andere Franzosen, wie Ako , der *Coureur de Bois* , gehörten einer anderen Rasse an. Mutig, stark und durch viele Jahre in der Wildnis erfahren im Holzhandwerk, erregten sie bei den indianischen Kriegern zumindest Beachtung.

Was die drei grau gekleideten Mönche betrifft, so richteten sie keinen Schaden an, und ihre Zeremonien hatten ein merkwürdiges Geheimnis, das die kindlichen Herzen der Indianer erfreute. Einer dieser Brüder – Pater Hennepin – sah viel mehr wie ein Mann aus, der die Welt und die Freuden des Lebens liebte. Er stolzierte durch das Dorf mit aller priesterlichen Sanftmut, die von seinem Interesse an seiner Umgebung unterdrückt wurde. Er war sich seiner eigenen Größe sehr bewusst und sehr zufrieden, dass die kleine Gruppe Franzosen ohne ihn in einer schwierigen Lage sein würde.

Mit unterschiedlichen Gefühlen blickten die Peorias auf La Salle und Tonty. Sie hatten große Angst vor ihnen und behielten dennoch ihr Misstrauen bei, aber mit ihrer Angst und ihrem Misstrauen gingen auch Respekt und Ehrfurcht einher. Sie erkannten in ihnen die Eigenschaften, die ein Inder liebt – Stärke, völlige Furchtlosigkeit und eine Entschlossenheit, die alle Hindernisse überwindet. Um jeden dieser Männer gab es ein Geheimnis, das den Verstand der Indianer verblüffte und ihr Interesse noch stärker erregte als die Medizinmänner ihrer eigenen Stämme.

Von der Vergangenheit dieser beiden bemerkenswerten Männer wussten die Indianer nichts; Sie konnten die Geschichte von Gefahr und Not, die die Jahre von La Salle geprägt hatte, oder die Geschichte von den Fallstricken und Fallstricken, die seine Feinde für seine Zerstörung gelegt hatten, nicht lesen. Sie konnten nicht wissen, dass einer seiner Männer in Fort Frontenac, als La Salle auf dem Weg in ihr Land war, Gift in sein Essen getan hatte. Sie wussten auch nichts von dem Vorfall am Miami-Portage, wo einer seiner

Anhänger, der hinter ihm ging, seine Waffe erhoben hatte, um seinem Anführer in den Rücken zu schießen, und nur durch den schnellen Arm eines Kameraden daran gehindert wurde. Sie wussten, dass sechs der Männer desertiert waren und in den Wald gegangen waren, aber sie wussten nicht, dass am selben Tag in ihrem eigenen Dorf ein anderer seiner verräterischen Schurken erneut versucht hatte, ihn zu vergiften.

Sie wussten nichts von den frühen Erfahrungen Henry de Tontys, von den Meeren, die er bereist hatte, und von den Kämpfen, die er im Dienste des Königs von Frankreich zu Lande und zu Wasser geführt hatte. Sie kannten auch noch nicht den Glauben, mit dem er seinem Führer und Freund La Salle diente. Aber ein sicherer Instinkt sagte den roten Männern, dass es sich hier um zwei Männer handelte, die sie als Freunde lieben oder als Feinde fürchten würden.

Ein chilliger Tag jagte den anderen. Die meisten jungen Männer waren noch auf der Jagd und auf dem Kriegspfad. Diejenigen, die zu Hause blieben, reparierten ihre Waffen, rauchten und sahen träge den Frauen bei der Arbeit auf Matten und Roben zu – ließen aber niemals den Gedanken oder Anblick der weißen Fremden in ihrer Mitte los.

Mitte Januar schmolz das Eis, die Luft verlor ihre Schärfe und die freundliche Erde kam unter dem Schnee hervor. La Salle und der Mönch Hennepin stiegen in ein Kanu und paddelten den Fluss hinunter bis zu einem Punkt, der eine halbe Meile unterhalb des Dorfes lag. Bald schlossen sich Tonty und der Rest der Band ihnen an. Auf der linken Seite des Flusses, zweihundert Schritte vom Ufer entfernt, erhob sich ein kleiner Hügel. Davor befand sich ein flaches, sumpfiges Gelände, und auf beiden Seiten befanden sich tiefe Schluchten.

Die neugierigen Indianer, die am Ufer entlangschlüpften, um die Bewegungen der weißen Männer zu beobachten, sahen, wie sie hinter dem Hügel einen Graben gruben, um die beiden Schluchten zu verbinden. Um den Rand des Hügels herum wurde eine Erdlinie aufgeworfen, die eine Mauer bildete, die in einen Graben, eine Schlucht und ein Sumpfgebiet abfiel. Dann wurde eine zwanzig Fuß hohe Palisade aus Baumstämmen errichtet. Innerhalb dieser Palisaden errichteten die geschäftigen Franzosen in zwei Ecken Unterkünfte für sich, in der dritten Ecke eine Hütte für die drei Brüder und in der vierten ein Lagerhaus. Entlang der Rückwand war die Schmiede errichtet, und genau in der Mitte der Einfriedung befanden sich die Viertel La Salle und Tonty. La Salle gab dieser Festung am Illinois River den Namen Fort Crèvecœur .

Eine weitere Arbeit, die die Indianer noch mehr in Erstaunen versetzte, fand am Ufer des Flusses statt. Hier fällten die Männer große Bäume, hauen sie in Balken, sägten Bretter und begannen mit dem Bau eines mächtigen

Kanus, wie es die Männer des Stammes noch nie gesehen hatten. Mit einem vierzig Fuß langen Kiel und einer zwölf Fuß langen Breite konnte kein Peoria daran zweifeln, dass es den Großen Fluss, der durch das Land seiner Feinde floss, sicher hinunterlaufen würde.

Viele Male fragten sich die Indianer in ihrem Herzen, ob der französische Häuptling an die Schreckensgeschichten glaubte, die Nicanopé erzählt hatte. Sie sahen ihn im Dorf jetzt kaum noch, denn er und seine Männer waren in das neue Fort Crèvecœur umgezogen ; Aber es gab nie eine Zeit, in der Indianerfiguren, die zu Hause nicht allzu beschäftigt waren, nicht durch die Büsche spähten oder kühn daneben saßen, fasziniert von dem geschäftigen Treiben in der Festung und der primitiven Werft.

Weit im Süden befand sich unterdessen eine Gruppe junger Männer auf dem Heimweg vom Kriegspfad. Viele Meilen vor ihnen eilte einer aus der Truppe herbei , ein junger Krieger, der losgeschickt wurde, um dem Dorf von ihrer Annäherung zu berichten. Er trottete auf müden Füßen über die Ebenen und durch verworrene Wälder. Er war jetzt weniger als drei Meilen vom Dorf entfernt, aber er war müde und sehr hungrig. Während er weitertrottete, stieß er auf eine Gestalt, die ihm etwas seltsam vorkam. Aber er hatte die Händler gesehen, die hin und wieder aus Kanada die Flüsse hinunterkamen, und er kannte diesen Mann für einen Franzosen. Er sah, was seinen Bedürfnissen besser entsprach, dass der Fremde vier wilde Truthähne trug. Da er vor Hunger völlig erschöpft war, rief er ihn an und bat um Essen.

Der Weiße reichte ihm einen der wilden Truthähne. Mit eifrigen Händen zündete der Indianer ein Feuer an, schwang einen Kessel darüber, den er bei sich trug, und begann, das Geflügel zu kochen. Während das Feuer an den Seiten des Kessels leckte, fragte ihn der seltsame weiße Mann nach seiner Reise und erkundigte sich nach dem Großen Fluss, der durch die Länder des Südens floss. Der junge Krieger nahm ein verkohltes Stück Holz vom Feuer und zeichnete damit auf ein Stück Rinde ein sorgfältiges Diagramm, das den Lauf des Flusses und die Bäche zeigte, die in ihn mündeten. Dann nannte er die Namen dieser Bäche und erzählte von den Stämmen, die an ihnen lebten, und der Weiße schrieb sie in seiner eigenen Sprache auf die Rinde.

Überall entlang des Mississippi war der junge Indianer in einer Piroge gereist, und nie gab es einen Wasserfall oder Stromschnellen, die ihm den Weg versperrten. Es gab nicht einmal Sandbänke, außer in der Nähe der Mündung in der Sommerhitze. Die beiden Männer unterhielten sich eine Zeit lang über diese Dinge, während der Indianer sich ausruhte und seinen Hunger stillte. Schließlich gab der Franzose dem roten Mann ein Beil und bat ihn, niemandem zu sagen, dass er ihn getroffen habe. Mit so verschlossenen Lippen durch das Geschenk des weißen Mannes und mit Freude im Magen durch das Spiel des weißen Mannes wandte sich der junge

Indianer ab und begleitete seinen neuen Freund voller Ehrfurcht zu der neu errichteten Festung, anstatt ins Dorf weiterzugehen.

Am frühen Morgen des nächsten Tages versammelte sich im Dorf Peorias eine Gruppe Indianer in der Hütte eines der Häuptlinge. Sie aßen mit großer Freude das Fleisch eines Bären – eine bei ihnen sehr geschätzte Delikatesse. Plötzlich verdunkelte eine Gestalt den Eingang der Lodge und La Salle schritt zwischen den hockenden Indianern hindurch. Er blieb in ihrer Mitte stehen und sah sich um, bevor er sprach. Ein triumphierendes Lächeln lag auf seinen Lippen.

„Vielleicht wissen Sie nicht", sagte er, „dass der Schöpfer aller Dinge sich besonders um die Franzosen kümmert." Als Antwort auf meine Gebete hat er mir die Wahrheit über den Großen Fluss offenbart, die ich aufgrund deiner schrecklichen Geschichten nicht erfahren konnte."

Dann erzählte er den verblüfften Indianern von allen Windungen des Mississippi und von der sanften Strömung, auf der ein Kanu bis zu seiner Mündung fahren könnte. Er beschrieb jeden Fluss, der von Osten und Westen in das Gebiet mündete, und nannte jeden Stamm, der an seinen Grenzen lebte. Nirgendwo gab es Gefälle oder Stromschnellen, die einem den Weg versperrten, und nur dort, wo der Fluss an der Mündung breiter wurde, gab es Untiefen sowie Sand- und Schlammbänke. Jede Biegung und Wendung, jede felsige Klippe und jeder hineinströmende Bach schien er zu kennen, als hätte er Monate damit verbracht, in einer indischen Piroge den Fluss auf und ab zu paddeln.

Das Bärenfleisch geriet in Vergessenheit. Die Indianer saßen schweigend da und schlugen vor Erstaunen die Hände vor den Mund. Welche große Macht oder „Medizin" besaß dieser Mann, die es ihm ermöglichte, zu beobachten, was in geheimen nächtlichen Raten geschah, und Hunderte von Meilen des Laufs und Tals des Großen Flusses zu sehen und zu beschreiben, den er noch nie besucht hatte? Wie Kinder, die beim Unfug ertappt wurden, gestanden sie, dass alles, was er sagte, wahr war und dass sie ihn nur getäuscht hatten, um ihn in ihrer Mitte zu behalten.

La Salle verließ die Hütte und ließ sie mit beunruhigtem Gemüt zurück. Wie seltsam und wunderbar waren diese Männer mit den hellen Gesichtern und dem wallenden Haar. Und was bedeutete ihre Anwesenheit für den Indianer? Waren sie ihre Freunde oder waren sie im Herzen Freunde der Irokesen? Wer wusste, wie nah an ihren Dörfern Banden bemalter Krieger der Fünf Nationen waren? Doch obwohl der Verdacht schwer auf ihnen lastete, blickten sie mit begehrlichen Augen auf die Beile und Messer, die Kessel und Waffen, die die weißen Männer mitbrachten.

KAPITEL IX

DIE WEISSE INVASION

Es verging kein Tag, an dem die Illinois nicht mit neugierigen Augen die Bewegungen der Männer am Fort verfolgten. Sie beobachteten die großen weißen Balken am Flussufer, während die Franzosen sie ausbreiteten und aneinander befestigten, bis das wachsende Schiff anfing, wie das weiße Skelett eines riesigen Büffels auszusehen, der gebleicht und nackt in den vier Winden des Himmels lag.

Omawha , der freundliche Häuptling, adoptierte als Sohn den kleinen jungen Mönch von La Salles Partei; und so ging das graue Gewand von Pater Membré frei in den Hütten des Dorfes ein und aus. Wie einer aus der Familie des Häuptlings aß er von der indischen Kost und schlief in Büffelroben neben schwelenden Hüttenfeuern. Seine weißen Landsleute waren in der neuen Festung; und er allein sah den Frühling in der Indianerstadt kommen.

Als der Winter anbrach, kehrten die Jagdgesellschaften nach Hause zurück. Die Kriegspartei aus dem Süden brachte Gefangene mit und das Dorf wurde bevölkerungsreicher. Aber Chassagoac , der unermüdliche Jäger, war immer noch im Wald.

winterharten und trostlosen Gebieten des indischen Landes verbreiteten sich Nachrichten schnell; und die Illinois wussten genau, dass Läufer Geschichten über die weißen Männer unter den Peorias , über die Festung auf dem Hügel und über das Schiff, das den langen Fluss hinuntersegeln sollte, das Great Valley hinauf und hinunter trugen. Deshalb waren die Peorias besorgt, als sie eines Tages eine Ansammlung von Indianern sahen, die ihr Lager um die Festung herum aufschlugen. Es handelte sich um Osages, Chickasaws und Arkansas – Stämme, die weit im Süden entlang des Mississippi lebten. Und die Dorfbewohner wussten, dass sie – eifersüchtig auf die Vorteile des Illinois – dem weißen Häuptling von der einfachen Schifffahrt auf dem Fluss erzählen und ihn drängen würden, herzukommen und in ihrem Land zu leben.

Es vergingen nicht viele Tage, bis eine weitere Gruppe Indianer eintraf, dieses Mal aus dem Fernen Westen – so weit jenseits des Mississippi, dass man von langhaarigen Spaniern erzählte, die auf Pferden in den Krieg zogen und mit Lanzen kämpften. Einer der Indianer trug stolz an seinem Gürtel einen Tabakbeutel, der aus einem Pferdehuf gefertigt war und an dem ein Teil der Beinhaut befestigt war. Eine Woche später kam noch eine weitere Delegation, um die weithin berühmten Weißen zu besuchen. Es waren Sioux aus dem fernen Nordwesten, aus dem Land, wo der Mississippi seinen Ursprung hatte; und sie waren langjährige Feinde der Stämme von Illinois.

In den Räten der Illinois-Indianer gab es viele Debatten. Jeder Häuptling hatte seine eigene Meinung. Es war eine Zeit voller neuer und seltsamer Ereignisse. Der Stamm der Illinois lebte schon lange stolz und komfortabel im Tal. Sie hatten nach Belieben in den Flüssen gejagt und gefischt. Auf den offenen Plätzen vor ihren laubenartigen Hütten spielten und rauchten sie und genossen die Sommertage, während die helle Sonne ihre nackten Körper wärmte. Und als sie es satt hatten, sich zu sonnen, zogen sie ihre Gewänder aus roter und schwarzer Farbe an, versammelten sich heulend zum Kriegstanz und machten sich auf den Weg zu einem Raubzug gegen die Sacs and Foxes westlich des Lake of the Illinois oder die Sioux am Lake of the Illinois Quellgebiet des Mississippi, oder die Osages und Arkansas und andere Stämme an seinen südlichen Ufern. Oft kam es auch zu Kriegen, und manchmal so verzweifelt, dass sogar die Indianerinnen in den Räumen zwischen den Hütten des Dorfes Hand in Hand mit dem Feind kämpften.

Aber in den letzten Jahren waren neue Gefahren aufgetaucht. Schwaches Flüstern erreichte sie von weißgesichtigen Männern, die von jenseits des Meeres Waffen mitbrachten, die wie Donner donnerten und ihre Opfer wie Blitze trafen. Ihre alten Feinde, die Irokesen, kauften diese Waffen mit Pelzen und führten ihre Verwüstungen immer tödlicher über die westlichen Stämme. Dann erfuhren sie, dass die Weißen selbst an den Großen Seen auftauchten – zunächst am östlichen Ende, schließlich aber an den Ufern des Lake Superior und des Lake of the Illinois.

Nach und nach drängten der schwarz gekleidete Priester und der einsame Pelzhändler von den Seen in die Täler von Wisconsin und Illinois und sogar bis zum oberen Mississippi. Unruhige *Coureurs de Bois* schwammen in größerer Zahl die Flüsse hinunter. Sie errichteten Hütten und überwinterten in den Ländern, die einst nur den Indianern bekannt waren. Die Priester, die zu Besuch gekommen waren, kamen wieder, um zu bleiben. Soldaten und Entdecker durchdrangen die weite Wildnis. Seltsame Kanus schossen über das Wasser. Das Klingeln von Äxten erklang in den Wäldern und Festungen entstanden. Diese neuen kühnen Bewohner brachten Beile mit, die die alten Steinkeulen in den Schatten stellten, Kessel, wie sie sich die Indianer nie erträumt hatten, Messer mit einer tödlichen Schneide, Decken von leuchtender Farbe und feiner Textur – und das kindliche Herz der Indianer wurde erfreut.

Eine neue Macht war über das Land gekommen und das Ende der alten Tage war nahe. Kein Inder hat es vollständig erkannt. Die Neuartigkeit der Wege des weißen Mannes und der Charme seiner Gaben verkürzten ihre Sicht, und so lebten sie alle in der ereignisreichen Gegenwart. Doch so sicher, wie der Fluss zum Meer hinabfloss, geriet auch das Große Tal aus ihrer Reichweite. Die weiten Wiesen, die kilometerlangen Hügel und Ebenen, die Gewässer, die an tausend Hügeln vorbeiflossen, Urwälder für ihr Wild, lebendiger Boden für ihr Mais, alle Freiheit und Fülle des größten Tals der Welt hatten ihnen gehört – ein Tal, das man nach Belieben durchstreifen, im Wechsel der Jahreszeiten jagen und im Ruhm der Schlacht untereinander kämpfen kann.

Die roten Männer wussten nicht, dass die Dinge wirklich anders kommen würden, denn sie waren nicht weise in der Prophezeiung. Aber ihre Gedanken waren unruhig und sie spürten einige der Gefahren der Gegenwart; denn wie Kinder fürchteten sie eine Macht, die sie nicht verstehen konnten.

Bei den Illinois-Stämmen nahm diese vage Angst zu und verschwand dann im Laufe ihres ruhigeren Lebens. Dann ergriff ein lauernder Verdacht ein Ereignis und alles war wieder in Alarmbereitschaft. So war es auch bei anderen Stämmen, denn im Geist der Indianer wechselten wilder Mut und bitterer Schrecken ab.

Drüben an den Ufern des Fox River und etwa am Fuße des Lake of the Illinois lebte die Nation Miamis . Sie waren sowohl Verwandte der Illinois-Stämme als auch Nachbarn, und ihre Sprache war weitgehend dieselbe. Die Angst vor den Irokesen, die mit den Waffen der Weißen bewaffnet waren, hatte sie so stark erfasst, dass sie einst in den Mississippi auswanderten. Aber in einer Zeit des Friedens waren sie in ihre früheren Häuser zurückgekehrt. Hin und wieder kam es zu Konflikten zwischen Miami und Illinois, und jahrelang führten sie Krieg gegeneinander.

Die geheime Botschaft von Monso und seinen Anhängern in Miami löste in Illinois Unruhe aus. Woher wussten die Miamis so viel über die Irokesen? Wenn die Irokesen kämen, würden sich die Miamis ihnen gegen die Bevölkerung von Illinois anschließen? Und was würden La Salle und Tonty und die Männer im Fort tun? Immer wieder gingen Fragen und Antworten ein, während der Frühling herannahte. Bald würde Chassagoac , ihr größter Häuptling, wieder bei seinen Jägern sein. Vielleicht könnte seine Weisheit ihnen helfen.

In der Zwischenzeit gingen sie ihren Pflichten und Vergnügungen im Dorf nach. Es war Ende Februar 1680, und am letzten Tag des Monats erlebten sie eine große Aufregung – ein ungewöhnliches Treiben und Auf und Ab stolzieren seitens des grau gekleideten Hennepin. Schließlich pflanzte er seine Figur fest in ein Kanu, beladen mit Häuten, Waffen, Messern und Kesseln. Der erfahrene Waldarbeiter Michael Ako war bei ihm und Antoine Auguel – von seinen Kameraden „der Picard" genannt, weil er aus der Picardie in Frankreich stammte. Die drei Männer verabschiedeten sich von denen am Ufer und glitten schnell die Strömung hinunter und außer Sichtweite. Was für ein neuer Schritt war das?

Die Indianer wunderten sich, bis das Dorf am nächsten Tag die Rückkehr einer seiner Jagdgruppen begrüßte, die gerade flussabwärts angekommen waren. Sie waren in der Nacht zuvor gegen Sonnenuntergang an Ako und seinen Gefährten vorbeigekommen und hatten versucht, sie zur Rückkehr zu überreden. Aber nein, sie waren auf dem Weg in das Land der Sioux, wo Ako mit Pelzen handeln und etwas über das Land lernen wollte; und der umgängliche Mönch erklärte sich verpflichtet, die großen Gefahren eines unbekannten Landes auf sich zu nehmen, um den Indianern des oberen Mississippi zu predigen. Also ließen die roten Jäger sie passieren – den prahlerischen Mönch und seine beiden Gefährten. Die drei wussten noch nicht, was sie erleben würden, als sie wieder die Lichter der Hütten der Weißen sahen.

Am Tag der Rückkehr der Jäger sahen diejenigen, die die Festung bewachten, zwei weitere Kanus aufbrechen, diesmal flussaufwärts. Dies war ein noch wichtigeres Ereignis, denn in einem der Boote befand sich die Figur von La Salle selbst. Sechs Franzosen waren bei ihm und auch ein Mohegan-Krieger, den sie nach dem Namen seines Volkes „Wolf“ nannten. Die Indianer warteten verwundert. War die Festung verlassen? Noch nicht, denn der geheimnisvolle Tonty ging in Abwesenheit seines Häuptlings mit schwer schwingendem Arm zwischen den Männern in der Festung umher und gab Befehle.

KAPITEL X

DIE GEHEIMNISVOLLE HAND

Die Indianer des Peoria-Dorfes waren interessierte Zuschauer der Ereignisse, die von der Gruppe Franzosen aufgeführt wurden. Pater Membré lebte in ihrer Stadt und sie schenkten ihm respektvolle Aufmerksamkeit. Untereinander sprachen sie viel über seine weißen Freunde innerhalb der befestigten Mauern der Festung. Mittlerweile waren kaum ein Dutzend Männer bei Tonty, und die Indianer blickten sie mit einer Mischung aus Neugier, Verachtung und Ehrfurcht an. Unter ihnen waren Schiffszimmerleute und Soldaten, auf deren Gesichtern teilweise Schurkerei und Feigheit geschrieben standen. Hätten die Peorias sie nicht nervös vor Angst gesehen, während Nicanopé ihnen von den imaginären Schrecken des Flusses erzählte, und auch bei einem öffentlichen Rat – was könnte den Feigling deutlicher ausdrücken?

Der alte Mönch Ribourde schlenderte in seinem grauen Gewand und mit bloßen Sandalenfüßen umher und hielt die Messe unter den Franzosen, wie Membré es unter den Peorias tat . Der starkarmige Mann Le Meilleur, den sein Kamerad La Forge nannte, schwang den Hammer auf das glühende Eisen und reparierte in der kostbaren Schmiede die Werkzeuge der Franzosen. Unten am Fluss, Moyse Hillaret und La Roze sowie die anderen Schiffbauer und Zimmerleute legten die Rippen des riesigen Holzskeletts aus und fügten sie zusammen. Unter diesen kräftigen Männern befanden sich ein muskulöser junger Bursche aus Paris namens Renault, L'Espérance , ein mutiger junger Diener von La Salle, und Boisrondet , ein Mann von höherer Geburt als die anderen und ein besonderer Freund von Tonty. Aber es waren nicht diese Männer, über die die Peorias am meisten mit den Jäger- und Kriegerscharen sprachen, die jetzt ins Dorf zurückkehrten – es war von La Salle, dem weißen Häuptling, der die Festung verlassen hatte, und von Tonty, dem geheimnisvollen Mann. der weiterhin die Garnison leitete.

Die Indianer konnten den neugierigen Kommandanten der Festung nicht verstehen. Warum war seine Haut dunkler als die seiner Kameraden und sein Haar so schwarz – wie das Haar ihrer eigenen indischen Frauen, wenn auch nicht so glatt? Vor allem aber wunderten sie sich über die seltsame Art und Weise, wie er seine rechte Hand benutzte. Sie erzählten den neu angekommenen Indianern von dem Tag, an dem die weißen Männer ins Dorf kamen. Beim Willkommensfest hatte Tonty immer seine linke Hand benutzt, wenn er von ihrem Sagamit und Fleisch aß, und jetzt beobachteten sie ihn, wie er hier und da zwischen seinen Männern vorbeiging. Wenn er ein Kanu an Land zog oder unten auf der Werft ein Stück Holz ergriff, dann nie mit der rechten Hand. Dennoch hatten sie gesehen, wie er mit dieser geheimnisvollen rechten Hand Schläge austeilte, die wie eine Indianerkriegskeule wirkten. Mit welcher seltsamen „Medizin" sein kräftiger Arm ausgestattet war, konnten sie nicht sagen; und teilweise aus diesem Grund fürchteten sie ihn. In den folgenden abenteuerlichen Jahren waren rothäutige Krieger in vielen Teilen des Großen Tals oft erschrocken und beeindruckt von der Leichtigkeit, mit der dieser Mann mit einem einzigen kräftigen Schwung seiner rechten Hand einem Widerspenstigen die Zähne brechen oder den Schädel einschlagen konnte Indisch.

Hätten die Peorias in Länder blicken können, die sie noch nie gesehen hatten, und die Ereignisse aus anderen Zeiten und Orten lesen können, wie es La Salle nun für möglich gehalten hatte, hätten sie vielleicht die Erklärung des Geheimnisses gefunden. Nicht viele Jahre bevor die weißen Männer in das Dorf Peoria kamen, befand sich die kleine Insel Sizilien im fernen Mittelmeer mitten in einem erbitterten Krieg. Entlang seiner Küste trugen Kriegsschiffe und Galeeren mit grimmigem Mund, angetrieben von den Rudern von Sträflingen und Gefangenen, die Flaggen dreier Nationen: Frankreich, Holland und Spanien.

In einer der Schlachten könnte die Figur von Henry de Tonty gesehen worden sein, wie er unter der Flagge Frankreichs kämpfte. Viele Jahre lang hatte er so gekämpft – vier Feldzüge auf Kriegsschiffen und drei auf Galeeren – und einen hohen Dienstrang erlangt. Aber er war nicht französischer Abstammung. Sein Vater war als Verbannter aus Neapel im sonnigen Italien nach Paris gekommen, nachdem er 1647 eine herausragende Rolle beim neapolitanischen Aufstand gespielt hatte. Sizilien wie Neapel stand lange Zeit unter der verhassten Herrschaft Spaniens, und nun erhoben sich die Sizilianer im Aufstand rief die Franzosen um Hilfe. Die in Bedrängnis geratenen Spanier riefen eine niederländische Flotte zu Hilfe. So wurde der Krieg mal auf See, mal an Land geführt; und Tonty freute sich mitten im Gefecht über den Kampf, die Männer des Landes seines Vaters vom spanischen Joch zu befreien.

Die Kanone feuerte und donnerte. Überall um ihn herum fielen Männer nieder . Eine vom Feind geworfene Handgranate zerplatzte in der Nähe in tausend Stücke und riss Henry de Tontys rechte Hand weg. Er wurde vom Feind gefangen genommen und sechs Monate lang gefangen gehalten. Dann wurde er im Austausch gegen den Sohn des Gouverneurs freigelassen. Anstelle seines verlorenen Glieds ersetzte er eine Hand aus Metall, die er in einem Handschuh trug. Doch nun hatte sich am Mittelmeer Frieden eingenistet, und der ruhelose Tonty schloss sich La Salle an und gelangte über das Meer dorthin, wo das Land noch jung war und in jedem Flusstal Abenteuer lauerten.

Mit der Zeit erfuhren die Indianer die Geschichte seines „Medizin"-Arms;
und im gesamten Great Valley, von den Seen bis zur Mündung des
Mississippi, wurde Tonty bei den Stämmen als „Mann mit der eisernen
Hand" bekannt.

KAPITEL XI

„Wir sind alle Wilde"

Der Winter im Tal des Illinois war lang. Das Essen war knapp und die kleine Gruppe in Fort Crèvecœur hatte viele hungrige Tage. Als sie das Dorf Peoria passierten, fuhr ein Kanu flussabwärts, und darin erkannten die Indianer zwei der Männer, die mit La Salle aufgebrochen waren. Das Kanu war bis zum Dollbord mit Proviant beladen. Wo hätte der weiße Häuptling einen solchen Laden finden können? Die Antwort kam später von Chassagoac selbst, als er von seiner Winterjagd zurückkehrte.

Chassagoac eines Tages durch den Wald wanderte, hatte er den Rauch eines Lagerfeuers gesehen. Als er mit zwei seiner Männer näher kam, traf er auf einen seltsamen weißen Mann, der ihm eine rote Decke, einen Kessel sowie einige Beile und Messer überreichte. Chassagoac erfuhr bald, dass es sich bei dem Fremden um La Salle handelte, den Anführer der Gruppe weißer Männer, die sich in der Nähe des Dorfes Peoria niedergelassen hatte. Der weiße Mann kannte den Ruhm von Chassagoac , und die beiden Häuptlinge setzten sich zu einer langen Konferenz zusammen, bei der La Salle von allen Ereignissen im Dorf erzählte und dem roten Häuptling erklärte, dass seine Männer in der Festung traurig seien Bedarf an Nahrung. Wenn der rote Bruder sie mit Proviant versorgen würde, würde er es ihm bei seiner Rückkehr aus dem Osten zurückzahlen.

Dann, als der freundliche Chassagoac seine Hilfe versprach, erzählte der weiße Häuptling von seinen Plänen. Er erzählte von der Festung und dem großen Schiff, das am Flussufer gebaut wurde. Schon jetzt war er auf dem Weg nach Osten, um für Illinois Frieden mit den Irokesen zu schließen, und er würde mit Waffen zu ihrer Verteidigung und mit Waren zurückkehren, die er unter ihnen verteilen wollte; und viele weitere Franzosen würden mit ihm zurückkehren, um sich in den Dörfern von Illinois niederzulassen. Er erzählte von seinen Plänen für eine große Expedition flussabwärts bis zu seiner Mündung, von wo aus er den Handel erleichtern und Waren aller Art für die Stämme von Illinois von jenseits des Meeres bringen könnte.

Chassagoac war sehr interessiert und füllte mit großzügiger Hand ein Kanu mit Vorräten aus den Lagerbeständen des verlassenen Kaskaskia-Dorfes in der Nähe. Er forderte den Weißen auf, bald zurückzukehren, und versicherte ihm, dass alles, was über die Schönheit und die leichte Passage des Mississippi gesagt worden sei, wahr sei. Nach einem höflichen Abschied trennten sich die beiden Häuptlinge. La Salle setzte seinen Weg flussaufwärts fort, während zwei seiner Männer das Kanu voller Vorräte flussabwärts nach Fort Crèvecœur paddelten . Nachdem er La Salle verlassen hatte, setzte Chassagoac seine Jagd fort, bis er eines Tages erneut in das Dorf seines

Volkes kam. Hier wurde seine Ankunft von den Indianern begrüßt, deren Ängste vielleicht durch seinen festen Glauben an die Weißen etwas gedämpft wurden. Er verbrachte viel Zeit mit den graugewandeten Mönchen und erzählte ihnen, wie er am fernen Ufer des Lake of the Illinois den schwarz gekleideten Marquette getroffen und ihm einen Teil des Hirsches gegeben hatte, den er getötet hatte. Tatsächlich hielt Chassagoac die Lehren der Mönche so gut, dass er sich bereit erklärte, ihrem seltsamen Manitou zu folgen, und sich daher nach der Art der Franzosen taufen ließ.

Inzwischen schlüpften zwei weitere Franzosen flussabwärts am Dorf vorbei zur Festung, die sie etwa Mitte April erreichten. Sofort herrschte große Aufregung unter den Weißen, und bald ging Tonty mit einigen seiner Männer flussaufwärts in Richtung des Dorfes der Kaskaskias . Die Indianer waren neugierig auf diesen neuen Schritt. Einige Zeit zuvor hatte sich der Veteran Ako zusammen mit dem Picard und dem Mönch Hennepin auf den Weg flussabwärts gemacht, und La Salle war am Tag danach mit weiteren Männern flussaufwärts gegangen. Jetzt ging sogar Tonty weg.

Die Indianer beobachteten aufmerksam die Handvoll Männer, die in den mit Palisaden bewehrten Mauern zurückblieben. Nöel Le Blanc und Nicolas Laurent, die beiden Männer, die kürzlich in der Festung angekommen waren, waren mit dem Auftrag von La Salle nach Tonty gekommen, im oberen Dorf eine weitere Festung zu errichten. In Tontys Abwesenheit schien Le Blanc wie ein ruheloser Geist umherzuwandern und ernsthaft mit den Männern zu reden. Insbesondere mit dem Schmied und den Schiffszimmerleuten schien er einen tiefgreifenden Plan auszuhecken.

im Dorf der Peorias schlichen sich seltsame Gerüchte und Gerüchte ein. Männer aus anderen Dörfern kamen und erzählten ihnen, dass ihre misstrauischen Nachbarn, die Miamis , ein Bündnis mit den verhassten Irokesen gesucht hatten. Sollte die Festung aufgegeben werden und sollten die Franzosen zu zweit oder zu dritt abhauen und die Peorias zurücklassen , um von den Irokesen gefressen zu werden?

Plötzlich sahen diejenigen, die die Festung beobachteten, wie eine weitere Gruppe begann. Diesmal waren fünf Männer im Kanu – Pater Ribourde , Boisrondet , L'Espérance und zwei weitere, Petit-Bled und Boisdardenne . Nach ihrer Abreise kam es innerhalb der Mauern der Festung zu einem seltsamen Aufruhr. Schiffszimmerleute liefen hin und her und plünderten die Kabinen: Sie rissen die Türen ein und plünderten und raubten überall. Sie machten sogar die Effekte in den Unterkünften der Priester zunichte. Hillaret und der stämmige Schmied brachen das Lagerhaus auf und holten Pulver, Kugeln, Waffen, Pelze und Waren hervor. Aus jeder Ecke der Festung sammelten La Roze und Le Blanc und ihre Mitverschwörer wertvolle Dinge. Dann machten sie sich, beladen mit Gewehren, Biberfellen, feinem Leinen und Mokassins, auf den Weg zum Flussufer. Ein Mann ritzte mit einem scharfen Instrument in die strahlend weißen Balken des halbfertigen Schiffes die Worte: „Nous sommes zu uns Sauvages " – „ Wir sind alle Wilde" – und das Datum: „Ce 15 A – 1680." Dann verschwanden sie im Wald und ließen die Festung zerstört und geplündert zurück.

Mittlerweile war es Nacht geworden, als der alte Mönch und seine vier Gefährten auf dem Weg nach Tonty im oberen Dorf waren. Petit-Bled und Boisdardenne erhoben sich im Bündnis mit den Verschwörern in der Festung, beschossen die Kanonen von L'Espérance und Boisrondet und machten sich mit dem Kanu auf den Weg, um ihren Kameraden nachzujagen, wobei die Recollet und die beiden jungen Männer ihren Weg finden mussten zu Fuß und ohne Verteidigungsmittel bis zum Dorf der Kaskaskias .

Tonty hörte die Nachricht von der Meuterei mit Bestürzung und Wut und eilte zurück zur zerstörten Festung. Alles Wertvolle schien mitgenommen worden zu sein, mit Ausnahme der Schmiede und einiger Werkzeuge und Waffen, die zu schwer waren, als dass die Deserteure ihre Flucht fortsetzen konnten. Mit dieser Fracht machte sich Tonty schweren Herzens auf den Weg zurück zum Dorf Kaskaskia, wo die Hütten erneut von den heimkehrenden Kriegern und Jägern gefüllt wurden. Nachdem Tonty auf zwei Wegen Boten geschickt hatte, um La Salle von der Katastrophe zu berichten, bereitete er sich auf eine neue Lebensordnung vor. Das Fort und seine Garnison boten ihm keinen Schutz mehr; aber der Mann mit der eisernen Hand war kein Feigling. Mit seinem Bandenfragment betrat er das Dorf und fragte die Kaskaskias , ob er in ihrer Mitte leben dürfe. Sie hießen ihn in ihren Kesseln und Hütten willkommen und teilten mit ihm und seinen Männern ihr Essen und ihre Büffelgewänder. Die Truppe von dreißig oder mehr Personen, die vor ein paar Monaten ins Tal gekommen war, war nun auf sechs geschrumpft: Tonty und sein Freund Boisrondet , die beiden jungen Männer L'Espérance und Renault, der Pariser, und die beiden Brüder – Pater Membré war gekommen vom Unterdorf hinauf.

KAPITEL XII

DER TOD VON CHASSAGOAC

Der Sommer 1680 war eine unruhige Zeit, in der jedes Flüstern des Windes schlechte Nachrichten zu bringen schien. In Illinois hielten sich hartnäckig Gerüchte über ein Bündnis zwischen den Irokesen und den Miamis . Als der energische Mann mit dem „Medizin"-Arm ihre Ängste erkannte, begann er, seinen roten Brüdern die Künste des weißen Mannes beizubringen: Er zeigte ihnen den Umgang mit Waffen und lehrte sie, wie die weißen Männer zu kämpfen.

Eines Tages kam ein Läufer mit der Nachricht vom Tod von La Salle ins Dorf, wenig später folgte ein anderer Indianer, der die böse Nachricht bestätigte. Die Illinois sahen Trübsinn in Tontys Gesicht; Aber in seinen Augen strahlte nicht weniger Feuer, und seinem Schritt fehlte nichts von der gewohnten Kraft, denn er war durch und durch ein Häuptling. Dann drang ins Dorf ein neues Gerücht, das den Indianern zuflüsterte, dass dieser dunkelgesichtige Häuptling mit wallendem Haar überhaupt kein Franzose sei; dass er aus einem Land weit außerhalb Frankreichs kam, dessen Volk keine Verwandtschaft oder Treue zum großen König der Franzosen hatte.

Sicherlich sah die Situation für Illinois mit jedem Tag schlimmer aus. Wenn die weißen Männer mit den Irokesen verbündet wären und wenn ihre Verwandten, die Miamis , sich dem Feind angeschlossen hätten, könnten sie und ihre Frauen und Kinder durchaus die Zeit fürchten, in der der Kriegsschrei der bemalten Irokesen im Tal der ... widerhallen würde Illinois. Besiegt und überwältigt würden sie von ihren Feinden gefressen werden. Haben die Stämme der Fünf Nationen ihre Gefangenen nicht so behandelt? Auf den Flügeln der Angst stieg Bestürzung auf. Welche Hoffnung hatten die Illinois gegen die Stämme aus dem Osten?

Von ihren langen Häusern am anderen Ende der Großen Seen aus hatten die berühmten Irokesen-Krieger über hundert Stämme Verwüstung verbreitet. Sie hatten ganze Nationen erobert und unterworfen. Im Süden bis zu den Cherokees und Catawbas hatten sie leichte Eroberungen gemacht. Nördlich der Irokesen befanden sich die Franzosen am Sankt-Lorenz-Strom. Seit Champlain sich vor einem Dreivierteljahrhundert auf die Seite der kanadischen Indianer gegen die Irokesen gestellt hatte, hassten die Stämme der Fünf Nationen die Franzosen. Aber sie wagten es nicht, sie anzugreifen. Nun bot der Westen das beste Feld für ihre eifrigen Verwüstungen. Von den Holländern in Neu-Niederlande und später von ihren englischen Nachfolgern hatten sie Waffen und Munition gekauft und ihr grausames Herz darauf gerichtet, das Tal des Illinois zu verwüsten — so hatten es zumindest die Stämme des Westens gehört und geglaubt.

Die Illinois hatten zuvor die Irokesen bekämpft. Könnten sie es noch einmal tun? Ihre eigenen Krieger waren Experten im Umgang mit Pfeil und Bogen, und einige von ihnen hatten jetzt Waffen; aber bei den Kriegern der Irokesen hatte jeder seine Waffe und auch seinen Schild, um die schwachen Pfeile westlicher Stämme abzuwehren. Durch ihre Angriffe waren andere Stämme fast ausgerottet worden und ihre Gefangenen wurden durch langsame Feuer und unvorstellbare Folterungen verbrannt. Welche bessere Chance hätten die Illinois gehabt, insbesondere wenn sich die verräterischen Miamis dem Feind angeschlossen hätten und sich die Weißen ebenfalls als Feinde erwiesen? Also beobachteten sie Tonty genau; aber der dunkeläugige Häuptling mit seiner Schmiede und seinen Werkzeugen, seinem ruhelosen Schritt und seiner stolzen Haltung lebte unter ihnen und achtete nicht auf ihre ängstlichen oder misstrauischen Blicke.

Das Jahr schien für die Indianer wirklich ein katastrophales Jahr zu sein. In diesen schwierigen Tagen versammelten sich einige Illinoiser in einer der Hütten mit langen Dächern, wo auf einem Bett, das aus Büffelfellen weich gemacht war, ein Mann lag, dem Tod nahe. Um ihn herum standen die Männer, auf die sich die Nation verließ, um Kranke und Verwundete zu heilen, die bösen Geister zu vertreiben und die guten Geister zu beschwören – die geheimnisvollen Medizinmänner. Sie hatten lange mit dem Mann zusammengearbeitet, der auf dem Bett lag, denn er war ein hoher Führer in den Räten der Nation Illinois.

Chassagoac , ein geschickter Jäger, ein tapferer Krieger, der größte Häuptling von Illinois, lag im Sterben. Vor fünf Jahren hatte er Pater Marquette kennengelernt, und nun war er vor Kurzem von einem der grau gekleideten Mönche getauft worden, die zur Bande seines Freundes La Salle gehörten. Doch als sein Tod näher rückte, wandte er sich seinem eigenen Volk zu. Der Manitou der Franzosen war so weit weg, während die Medizinmänner seines Stammes so nah waren. So versammelten sie sich mit ihren Tänzen und ihren Beschwörungen um ihn; sie gingen über seinen Körper und murmelten seltsame Worte; sie erhoben ihre Augen und ihre Stimmen zu den vier Winden des Himmels; und sie schwenkten Rasseln in dem vergeblichen Versuch, den Geist zu besänftigen, der ihnen ihren Häuptling rauben wollte. Es war nutzlos. Chassagoac hatte sich zum letzten Mal umgesehen. Einen Moment lang war es still in der Hütte. Dann zerriss ein langes, verzweifeltes Jammern die Luft; und draußen in den Logen wusste jeder Mann, jede Frau und jedes Kind, dass der Geist des großen Chassagoac für immer aus ihm verschwunden war.

KAPITEL XIII

Die Irokesen kommen

Der ebene Landstrich am Nordufer des Illinois River, wo die Hütten der Kaskaskias lagen , wimmelte von Hunderten mutiger Indianer, die unbedingt in die Wälder und über die Ebenen ziehen wollten. Was war so dumm wie das Leben in den Hütten mit den Frauen und alten Männern, wenn die ferne Wildnis sie rief, wenn Bäche ihre Pirogen in Länder tragen konnten, in denen ihre Feinde schlafend und unaufmerksam lagen, wenn die Pfade nach Norden, Süden und Osten führten und Der Westen könnte sie in Wälder und Felder führen, wo reichlich Wild vor ihren Pfeilen fallen würde? Warum sollte der weiße Häuptling so ernsthafte Einwände erheben? Andere Bands waren trotz seiner Proteste einige Tage zuvor aufgebrochen.

Niemand hatte Anzeichen der Irokesen gesehen, und der so oft geweckte Alarm begann seinen Schrecken zu verlieren. War Tonty überhaupt ein so guter Prophet? Er hatte ihnen gesagt, dass La Salle bis Ende Mai zurückkehren würde, und nun war May schon lange weg und die sichere Nachricht war gekommen, dass La Salle tot sei.

Es war noch nicht Herbst. Auf der anderen Seite des Flusses drehten sich die noch frischen und grünen Blätter der Bäume und kräuselten sich im Wind. Schon der Klang ihres Flüsterns verriet den Indianern: „Bald werden wir abfallen und der Frost wird kommen." Jagen ist gut. Komm weg in den Wald." Und sie gingen.

Im September waren nicht mehr die Hälfte der Krieger im Dorf; aber Tonty und seine drei jungen Männer waren immer noch da. Die beiden grau gekleideten Recollets – der eine klein, kräftig und jung, der andere hatte den Wechsel der Jahreszeiten genauso oft gesehen wie die alten Männer im Dorf – zogen sich in eine Hütte mitten auf einem Feld in einiger Entfernung von der Stadt zurück. La Salle war nicht zurückgekommen; Auch der Priester mit dem runden Gesicht hatte es nicht getan, der im Februar so pompös ans Wasser stolzierte und mit Ako und dem Picard dem Sonnenuntergang entgegenpaddelte.

Die Indianer hofften, dass Tonty weiterhin bei ihnen bleiben würde. Mehr als vier Monate hatte er in ihrer Mitte gelebt, und nun war es doppelt so lange her, seit er zum ersten Mal in ihr Tal gekommen war. Er ging ehrlich und ohne Angst mit ihnen um und hatte ihnen viele neue Wege beigebracht. Die Illinois waren Bogenschützen, deren Ruhm sich über die gesamte Länge und Breite des Mississippi-Tals verbreitet hatte; Aber Tonty hatte ihnen gezeigt, wie man die Kanonen benutzt, die Feuer speien und einen Feind abwerfen, während sich der Bogen biegt – die Kanonen, die die Irokesen so gefürchtet machen.

Trotz der Entbehrungen und der Entmutigung, des Verlassenwerdens und des Verlusts von Freunden ließ Tonty nicht erkennen, dass er den Mut verloren hatte. Wenn die Indianer nur noch einmal die beruhigenden Worte des beklagten Chassagoac hören und die Warnungen seines immer noch misstrauischen Bruders Nicanopé vergessen könnten , könnten sie lernen, den Franzosen zu vertrauen und diesen weißen Anführer wie einen Bruder zu lieben.

Einmal war Tonty mit einem Kanu losgefahren, um zu sehen, ob er in der Siedlung Mackinac etwas über seinen Häuptling erfahren könnte, von dem alle sagten, er sei tot. Die Indianer protestierten gegen seine Abreise, jedoch vergeblich. Er kam jedoch nicht weit, denn der Fluss war zu dieser Zeit so niedrig, dass er auf Untiefen stieß und gezwungen war, ins Dorf zurückzukehren.

Gegen Mitte September kam der erhoffte Regen, und eines Tages zogen Tonty und seine Männer ihr Kanu aus dem Wasser, stellten es auf den Kopf und begannen, seine Gummischicht zu erneuern, bereit für eine weitere Fahrt auf dem Fluss. Einige der Indianer beobachteten ihn, während er seine seltsamen linkshändigen Bewegungen ausführte. Andere waren zu sehr damit beschäftigt, einen freundlichen Shawnee zu unterhalten, der dem Dorf einen Besuch abstattete. Als die Nacht hereinbrach, brach die Shawnee auf und machte sich auf den Weg nach Süden und Westen. Die runden Dächer des Dorfes fingen die von der untergehenden Sonne abgeschossenen Pfeile auf und versanken dann in der Dämmerung. Unter jedem Dach lagen indische Männer auf Büffelhäuten und verloren sich in Träumen. Die Frauen stellten die Hütten für die Nacht her und legten sich dann neben braune kleine Papos, deren runde Augen schon lange geschlossen waren. So senkte sich die stille Nacht über das Dorf. Dreimal würden die Eichen entlang des Flusses ihre Blätter den Winden des Winters aussäen, bevor eine weitere so friedliche Nacht über das Dorf und seine Menschen hereinbrechen würde.

Am nächsten Tag sahen die Indianer des Dorfes, wie der Shawnee zurückeilte, den Fluss überquerte und mit heißem Fuß in die Stadt stürmte. „Die Irokesen!" keuchte er zu den aufgeregten Häuptlingen. Zwei Meilen südwestlich, am Ufer des Aramoni , einem Nebenfluss des Illinois River, hatte er eine Armee von fünf- oder sechshundert Irokesen entdeckt, die das Dorf angreifen wollten. Aufruhr herrschte über den Kaskaskias . Wo waren ihre Krieger? Mehr als die Hälfte von ihnen war in alle vier Viertel des Tals verstreut. Nur noch vier- oder fünfhundert blieben übrig. Und wo waren die Waffen, die ihnen Tonty so sorgfältig beigebracht hatte? Mit den abwesenden Kriegern größtenteils verschwunden. Es waren nur noch wenige übrig, mit

Munition für jeweils drei oder vier Schüsse. Der Rest der Tapferen hatte nur Pfeil und Bogen und Kriegskeulen. Tonty hatte recht gehabt, aber jetzt war keine Zeit zum Jammern.

Eine Erkundungsgruppe , die ausgesandt wurde, um den Feind auszuspionieren, kam bald in großer Aufregung zurück. Ungefähr fünfhundert Irokesen lagerten entlang des Aramoni . Sie hatten Gewehre, Pistolen und Säbel. Die meisten von ihnen trugen Schilde aus Holz oder Leder, einige trugen hölzerne Brustpanzer. Und bei den Irokesen waren hundert Miamis , bewaffnet mit Pfeil und Bogen. Die Wut der Illinois stieg mit ihrer Angst. Die Miamis , ihre Nachbarn und Verwandten sollten sich später darüber im Klaren sein. Doch die Spionagetruppe hatte noch weitere Neuigkeiten zu berichten. Unter den sich bewegenden Gestalten des Feindes hatten sie einen in einem schwarzen Gewand und einer Jesuitenkutte gesehen . Ruhigere Augen hätten erkannt, dass es sich nur um einen Irokesenhäuptling handelte, der einen schwarzen Mantel und einen Hut trug. Aber die erhitzte Fantasie der Pfadfinder sah einen französischen Priester; während sie in einer anderen Figur dafür sorgten, dass sie La Salle selbst sahen.

War das Dorf zuvor in Aufruhr gewesen, herrschte jetzt Wut. Ihre schlimmsten Befürchtungen hatten sich also bewahrheitet: Die Franzosen waren allesamt Verräter. Sogar Tonty hatte sie getäuscht und hatte seine eigenen Gründe, warum er versuchte, aus dem Dorf zu fliehen, bevor die Irokesen kamen. Wie wütende Bienen strömten die Indianer zur Hütte von Tonty. „Nun", sagte einer ihrer Häuptlinge, „kennen wir Sie als einen Freund der Irokesen." Die Winde der Gerüchte haben uns keine Lügen erzählt. Wir sind verloren, denn die Feinde sind zu zahlreich für uns und Sie und die Franzosen sind ihre Freunde."

Inmitten der wütenden, gestikulierenden Kriegerschar blieb Tonty ruhig. „Ich werde Ihnen zeigen, dass ich kein Freund der Irokesen bin", antwortete er. „Wenn es sein muss, werde ich mit dir sterben. Ich und meine Männer werden dir helfen, deinen Kampf zu führen."

Ihre Wut verwandelte sich in Freude, als sie dachten, dass die guten Geister ihnen mit einem solchen Anführer vielleicht noch den Sieg bescheren würden. Vor der Schlacht gab es viel zu tun. Mit flinken Händen trugen sie einen Vorrat an Mais zusammen; und als die Nacht hereinbrach, bewegten sich gespenstische Gestalten hin und her , während sie die Frauen und Kinder in ihren langen Pirogen einschifften. Jedes Holzkanu hatte Platz für dreißig oder mehr Personen, und in der kleinen Flotte waren es Hunderte. Mit einer Bewachung von fünfzig oder sechzig Mann glitten die Boote eines nach dem anderen auf das dunkle Wasser hinaus. Geräuschlose Paddel tauchten ein und aus, während die mit Proviant gefüllten Barken und die eng zusammengedrängten Gestalten den Bach hinunterschossen. Sie passierten die schwarze Mündung des Aramoni und erreichten nach mehreren Stunden eine Stelle sechs Meilen unterhalb des Dorfes. Hier landeten sie an einem Ort, der durch den Fluss auf der einen und einen Sumpf auf der anderen Seite fast unzugänglich war, und schlugen ihr Lager auf.

Im Dorf Kaskaskia gab es in dieser Nacht keine Ruhe. Die jungen Tapferen bereiteten sich auf die Schlacht von morgen vor. An langen Reihen von Lagerfeuern hingen Kessel auf. Hunde wurden getötet und gekocht, denn dieser Anlass verdiente eine so große Zeremonie. Abwechselnd feierten und tanzten sie im flackernden Licht der Feuer – seltsame Tänze, unterbrochen von Heulen und Jubelschreien. Die Flammen der Lagerfeuer warfen die Schatten der Tänzer über den offenen Raum und an die Wände der Hütten wie gespenstische, sich ständig verändernde Geister; und in der Nachtluft erklangen rhythmische und unheimliche Gesänge. Die ganze lange Nacht über hielten die Indianer ihre Rituale aufrecht, um sich auf den Angriff auf die Irokesen vorzubereiten – ein Kampf gegen alle Widrigkeiten, bei dem sie die Hilfe jedes Manitou oder Geistes brauchten, der ihnen helfen konnte.

Allmählich erlöschen die Feuer, während sich im Osten ein schwaches Licht auszubreiten beginnt. Endlich ist der Tag gekommen, der Tag, den die Illinois seit Jahren gefürchtet haben. Sie versammeln sich mit frischer Kriegsbemalung und bereiten Waffen – Pfeil und Bogen, schwerköpfigen Knüppeln oder Schädelknackern und den wenigen Waffen, die noch übrig sind. Tonty ist mit zwei seiner Männer dort. L'Espérance soll im Dorf bleiben, um die Papiere von La Salle zu bewachen; und die beiden Brüder, die von der Aufregung nichts ahnen, sind eine Meile entfernt in ihrem Rückzugsort auf den Feldern.

Gemeinsam drängen sich die Krieger zum Flussufer, Tonty, Boisrondet und Renault an der Spitze, während die nackten und bemalten Indianer um sie herum heulen und jubeln. Ihre Pirogen überqueren den Bach im Handumdrehen. Durch den Eichenstreifen, über den Hügel und hinaus auf die offene Wiese stürmen die Krieger, weiß und rot, zum Kampf. Sie nähern sich den Reihen der Irokesen, bleiben aber auf freiem Feld in Sichtweite des Feindes stehen.

Tonty unternimmt einen letzten Versuch, Frieden zu schaffen, und erhält als Waffenstillstandsangebot eine Wampum-Halskette. Er gibt einem Freund seine Waffe und geht durch den dazwischen liegenden Raum, der von einem einzelnen Illinois besucht wird. Die Indianer beobachten ihn aufmerksam, als er sich dem Feind nähert. Es gibt eine scharfe, tödliche Salve der Irokesen. Tonty bleibt stehen und schickt den Indianer zurück, der bei ihm ist, und geht alleine weiter. Pfeil und Kugel fliegen um ihn herum, aber er erreicht die Linien unbeschadet. Irokesenkrieger verschlingen ihn aus der Sicht des besorgten Illinois. Nur der Indianer, der mit ihm die halbe freie Fläche durchquert hat, sieht das Messer eines Irokesen hervorblitzen und sich in die Seite des weißen Häuptlings bohren. Dann verliert sich die atemberaubende Gestalt selbst vor seinen Augen. Einen Moment später wird sein Hut auf dem Ende einer Waffe hoch über die Köpfe des Feindes erhoben.

Mit einem Wutschrei greift die gesamte Streitmacht von Illinois erneut an, voller Wut, diesen Verrat zu rächen. Die jungen Boisrondet und Renault liegen an der Spitze, ihre Haare wehen im Tempo nach hinten, ihre Gesichter sind voller Kampfes- und Rachegelüste. Die sich windenden, heulenden Gestalten von fünfhundert Indianern stürzen sich auf die Reihen des Feindes. Dann kämpfen sie wie Unholde. Der Knall der Irokesengewehre ist wie das Knacken von Zweigen im Wald für den neu gewonnenen Mut der Illinois. Ihre Kriegsschreie ertönen scharf und schrill darüber. Schnelle Pfeile fliegen wie Hagel. Schwere Kriegskeulen prallen auf Irokesenschild oder auf bemalten Kopf und Körper. Selbst die gepriesenen Irokesen können ihnen nichts entgegensetzen. Ihre linke Seite wird schwächer, gibt dann nach und gibt eine halbe Meile über die Wiese nach.

Dann ertönt plötzlich der Schrei, dass Tonty lebt. Aus dem Gedränge der kämpfenden Feinde kommt er und bedeutet ihnen, festzuhalten. Allmählich hören der Lärm und der Tumult auf. Die Illinois ziehen sich zurück und zählen ihre Verluste. Tonty erreicht sie, geschwächt vom Blutverlust einer klaffenden Wunde in seiner Seite, aber in seiner Hand trägt er ein Wampum-Friedensangebot der Irokesen.

KAPITEL XIV

Die Zerstreuung der Stämme

Während des gesamten Kampfes hing Tontys Leben an einem seidenen Faden. Ein ungestümer Onondaga hatte ihn in die Seite gestochen, aber glücklicherweise war das Messer aus einer Rippe gerutscht. Ein anderer Indianer packte ihn an den Haaren; und ein dritter hob seinen Hut vor einer Waffe. Dann erkannte einer der Häuptlinge ihn als weißen Mann und intervenierte. Er wurde in die Mitte des Lagers getragen, wo sich die Häuptlinge um ihn versammelten und sein Flehen um Frieden hörten. Die Illinois, sagte Tonty, seien ebenso die Freunde des Gouverneurs von Kanada wie die Irokesen. Warum sollten die Irokesen gegen sie Krieg führen?

Es war eine unruhige Verhandlung. Hinter Tonty stand ein Indianerkrieger mit gezücktem Messer; und ab und zu, während sie redeten, vergrub er seine Finger im Haar des weißen Mannes und hob seine schwarzen Locken, als wollte er ihn skalpieren. Außerhalb des Kreises ging der Kampf weiter. Dann kam die Meldung, dass Irokesen getötet und verwundet wurden und dass die linke Seite nachgab. Bestürzt fragten die Häuptlinge ihren weißen Gefangenen, wie viele Männer an dem Kampf beteiligt seien. Tonty, der eine Chance sah, Feindseligkeiten zu verhindern, antwortete, dass es zwölfhundert Illinois gab und dass fünfzig Franzosen mit ihnen kämpften. Voller Bestürzung über diese Zahlen beeilten sich die Häuptlinge, Tonty das Geschenk von Wampum zu überreichen und ihn zu bitten, Frieden für die Irokesen zu schließen.

Die Illinois kehrten mit ihrem verwundeten weißen Anführer und seinen beiden Männern zum Dorf zurück. Eine Meile von zu Hause entfernt trafen sie auf Pater Membré, der ihnen entgegeneilte. Der Lärm von Waffen hatte ihn aus seiner Hütte auf den Feldern hinter der Stadt geholt. Sie überquerten gemeinsam den Fluss, und Tonty war froh, sich in einer der Hütten niederlegen zu können und den Priester und die jungen Männer seine Wunde versorgen zu lassen.

Kaum hatten die Illinois ihre Lodges erreicht, als sie im Rückblick kleine Gruppen von Irokesen auf der anderen Seite des Flusses sahen. Einige von ihnen fanden bald eine Möglichkeit zur Überfahrt und hielten sich in der Nähe des Dorfes auf, unter dem Vorwand, auf der Suche nach Nahrung zu sein. Aber die Illinois, die keine Kinder in der Kunst der indianischen Kriegsführung waren, waren sich der Vorgehensweise der verräterischen Irokesen wohl bewusst und beobachteten diese umherziehenden Banden mit düsteren Vorahnungen.

Durch einen großartigen Ausfall hatten die Illinois ihren Feind eingeschüchtert, und Tontys Übertreibung ihrer Zahlen hatte den Eindruck ihrer Macht in den Köpfen der Irokesen vervollständigt. Aber die Illinois wussten genau, dass sie den Irokesen mit ihrem Waffen- und Munitionsreichtum und ihren Verbündeten, den Miamis , nicht gewachsen waren . Früher oder später würden die Irokesen die wahre Zahl der Dorfbewohner erfahren. Dann würden die wilden Krieger der Fünf Nationen sie bedrohen, bis sie eine Gelegenheit fanden, sie aus der Existenz zu vernichten. Massaker, Folterungen und Verbrennungen könnten ihr einzig mögliches Ende sein, wenn sie im Dorf blieben. Was war mit den Frauen und Kindern, die ängstlich in der abgelegenen Zuflucht am Flussufer warteten, nachdem ihre Krieger getötet worden waren?

Tonty und seine Männer waren wahrscheinlich in Sicherheit, denn die Irokesen hatten zu große Angst vor den Franzosen in Kanada, um ihnen ohne große Provokation Schaden zuzufügen. Aber die Illinois waren nicht sicher. Also verließen sie ihr Dorf, bestiegen ihre Pirogen und fuhren flussabwärts, um sich ihren Frauen und alten Männern anzuschließen.

In ihren Herzen erkannten die Indianer die Weisheit der Flucht, denn sie wussten, was in der Vergangenheit geschehen war. Sie vergaßen nicht das Schicksal anderer Nationen, die die Irokesen praktisch ausgerottet hatten. Hätte die Invasion des Landes Illinois ein anderes Ende? Doch schweren Herzens übergaben sie ihre Logen dem verhassten Feind. und Gruppen von Kriegern zogen zurück den Fluss hinauf, um sich noch einmal ihr ehemaliges Zuhause anzusehen. Als sie auf den Hügeln ein kurzes Stück hinter dem Dorf auftauchten, blickten sie auf die zerstörten Hütten hinunter, die von den Irokesen niedergebrannt worden waren, die Holz und halb verbrannte Pfosten in Form einer einfachen Festung aufgetürmt hatten. In einer Hütte in einiger Entfernung war Tonty zurückgelassen worden, der immer noch an seiner Wunde litt und von seinen fünf Männern betreut wurde.

Immer mehr Illinois versammelten sich auf dem Hügel, bis die Gruppe der Krieger die Irokesen alarmierte, die immer noch glaubten, dass zwölfhundert Illinois ihren Rücken heimsuchten. Die Illinois setzten ihre Wache Tag für Tag fort und sahen bald, wie zwei Männer die Stadt verließen und den Hügel auf sie zustiegen. Sie erkannten bald den eigentümlichen Schwung ihres Freundes Tonty. Bei ihm war ein Irokesen-Indianer. Freudig begrüßten sie ihn und hörten seiner Botschaft zu. Die Irokesen wollten einen Friedensvertrag schließen und hatten einen ihrer Männer als Geisel geschickt.

Die Illinois wiederum schickten mit Tonty einen ihrer eigenen jungen Männer zurück, und bald wurden Verhandlungen aufgenommen. Doch der Friedensstifter war schlecht ausgewählt worden, denn der junge Indianer, begierig auf einen Friedensvertrag, versprach alles und enthüllte den Irokesen schließlich die wahre Zahl der Illinois-Krieger. Die Irokesen sagten wenig zum Boten aus Illinois, schickten ihn aber noch in der Nacht zu seinen Leuten zurück, um den Häuptlingen zu sagen, sie sollten am nächsten Tag bis auf eine halbe Meile an die Festung herankommen und den Frieden schließen. Dann wandten sie sich mit Zorn und Vorwürfen gegen Tonty, weil er sie betrogen hatte.

Am nächsten Tag trafen sich Illinois und Irokesen unweit des Dorfes. Die Irokesen verbargen ihre wahren Pläne, beschenkten ihre verstorbenen Gegner und verpflichteten sich zu einem festen und dauerhaften Frieden. Aber Tonty, der sich nicht irreführen ließ, schaffte es, Pater Membré nach Illinois zu schicken, um ihnen zu sagen, dass der Frieden nur ein Vorwand sei, dass die Irokesen Kanus aus Ulmenrinde bauten und dass sie es tun würden, wenn die Illinois nicht sofort fliehen würden folgten und ihr ganzer Stamm wurde massakriert.

Nachts riefen die Irokesen Tonty und Pater Membré in die rohe Festung, und nachdem sie den weißen Anführer gesetzt hatten, überreichten sie ihm Geschenke, bestehend aus sechs Bündeln wertvoller Biberfelle. Mit den ersten beiden Geschenken wollten die Irokesen Gouverneur Frontenac darüber informieren, dass sie seine Kinder nicht essen würden und dass er nicht böse sein sollte über das, was sie getan hatten. Das dritte Bündel Häute sollte als Pflaster für die Wunde des weißen Mannes dienen. Das vierte stellte Öl dar, das aufgrund der langen Reisen, die sie unternommen hatten, auf die Gliedmaßen der weißen Männer gerieben wurde. Beim fünften erzählten sie Tonty, wie hell die Sonne war; und beim sechsten sagten sie, er solle davon profitieren und am nächsten Tag zu den französischen Siedlungen zurückkehren.

„Wann werden Sie das Land Illinois verlassen?" fragte der unerschrockene weiße Mann.

„Erst wenn wir diese Illinois gegessen haben", antworteten die verärgerten Häuptlinge.

Mit einer schnellen Fußbewegung trat Tonty die Biberfelle von sich – ein unverzeihliches Vergehen unter Indianern. Wütende Blicke und Gesten der Indianer begrüßten diese Tat, aber sie zögerten, Tonty anzugreifen, da er ein Freund von Frontenac, dem mächtigen Gouverneur von Neu-Frankreich, war. Vielleicht erkannten sie auch besser als die Illinois die Macht seiner schweren rechten Hand, denn er hatte im Land der Irokesen gelebt, bevor er in diese westliche Wildnis hinauskam.

Sie konnten sich kaum zurückhalten und vertrieben die beiden Männer aus der Festung. Tonty und der Mönch kehrten zu ihren Kameraden in ihre Loge zurück. Ihre Anwesenheit im Lager der Irokesen war für die Illinois nicht länger nützlich oder sicher für sie selbst. Da sie die Morgendämmerung kaum erwarten konnten, verbrachten sie die Nacht auf der Hut, entschlossen, ihr Leben so teuer wie möglich zu verkaufen. Aber sie wurden nicht belästigt, und als der Tag kam, machten sie sich auf den Weg zu den entfernteren Siedlungen. Sie waren die letzten Weißen, die das Tal des Illinois verließen, wo Blutbad und Leid herrschen sollten.

Die Reise von Tonty und seinen Gefährten war schwierig und schon früh auf dem Weg begegnete ihnen Unglück. Nach etwa fünf Stunden Paddeln machten sie Halt, um ihr Kanu zu reparieren. Der alte Mönch Ribourde ging ein Stück weit in den Wald, um zu beten, und wurde von einer umherziehenden Bande Kickapoos angegriffen und ermordet. Nachdem er vergeblich nach ihm gesucht hatte, zog der Rest seiner Gruppe weiter. Über kurze Fahrten erreichten sie den Lake of the Illinois und wandten sich nach Norden. Der Winter überholte sie; ihr Essen ging zur Neige; und sie fingen an, Eicheln zu essen und Wurzeln unter dem Schnee hervorzupicken. Als ihre Mokassins abgenutzt waren – denn die meiste Zeit ihrer Reise führten sie nun auf dem Landweg – machten sie sich Schuhe aus einem Umhang, den der ermordete Mönch zurückgelassen hatte. Während ihrer Reise vergingen Wochen. Hin und wieder stießen sie auf verlassene Indianerlager und versuchten verzweifelt vor Hunger, die Lederriemen zu essen, mit denen die Stangen der Indianerhütten zusammengebunden waren. Sie kauten sogar das zähe Rohleder eines alten Indianerschildes, das sie gefunden hatten. Tonty litt fast ständig unter Fieber und konnte kaum gehen. Erst im Dezember erreichte die Gruppe von fünf Männern Green Bay, wo sie schließlich von den Indianern und einigen Franzosen in einem Pottawattomie- Dorf herzlich willkommen geheißen wurden.

Zurück im Tal des Illinois, nachdem die kleine Gruppe Franzosen das Dorf verlassen hatte, wurde jeder Vorwand des Friedens beiseite geworfen, und der Zorn der Irokesen machte freien Lauf. Die Illinois waren verschwunden und hinterließen ihnen nur noch ein verlassenes Dorf, an dem sie Rache nahmen. Nachdem sie die Hütten durch einen Brand zerstört hatten, gruben sie die Maislager aus, verbrannten und verstreuten den Inhalt. Dann zogen sie weiter zum Dorffriedhof und rissen die Leichen, die dort eine Zeit lang vor der Beerdigung zurückgelassen worden waren, von den Gerüsten. Aus den Gräbern des Dorfes gruben sie die längst begrabenen Verwandten der verstorbenen Einwohner aus und verstreuten die Knochen in alle Richtungen. Aus purer Boshaftigkeit plünderten sie diesen heiligsten Ort der Indianerstadt. An die halb verbrannten Stangen der Hütten hängten sie Schädel, damit die Krähen sie pflücken konnten. Dann folgten sie dem flüchtenden Illinois flussabwärts.

Die Illinois versammelten sich erneut an dem Ort, an dem ihre Frauen und Kinder Zuflucht gesucht hatten. Es war ein langes, schmales Stück Land am Nordufer des Flusses. Zwischen ihm und festem Boden befand sich ein schwerer, schlammiger Sumpf, über den nur ein vier Fuß langer Pfad festen Bodens zu finden war. Auf dieser Halbinsel, eine halbe Meile lang und nur fünfzehn bis zwanzig Schritt breit, hatten die Frauen provisorische Unterkünfte gebaut. Der Angriff war nur von der Wasserseite aus möglich, und hier türmten sie ihre Pirogen in Form einer Mauer auf.

Die dicht dahinter folgenden Irokesen lagerten am Ufer direkt gegenüber dem Fluss, wo bald über hundert Hütten errichtet wurden. In die Rinde nahegelegener Bäume schnitten sie die grausame Geschichte des Überfalls ein und malten grobe Bilder der Häuptlinge und der Anzahl der Krieger, die jeder Häuptling herausführte. Auf diese Weise wurden 582 Tapfere registriert. Auf einem Baum war ein Diagramm gezeichnet, das die Skalps der getöteten Illinois und die Anzahl der gefangenen Gefangenen zeigte; während in ihren eigenen Aufzeichnungen über Krieger Figuren dargestellt wurden, die von Schüssen durchbohrt oder von Pfeilen verwundet waren.

Aus Angst vor der Verfolgung ihres Feindes überquerten die Illinois den schmalen Pfad zum Festland und setzten ihre Reise flussabwärts fort. Nachts lagerten sie wieder am Fluss; und bald schossen die Feuer des Irokesenlagers vom anderen Ufer her auf. Ein weiterer Tagesmarsch, und wieder erschienen nachts zwei Lager am gegenüberliegenden Ufer. Die Irokesen, die noch keinen Angriff wagten, hingen wie ein Rudel feiger Wölfe an den Flanken der Illinois.

Die Illinois reisten langsam, denn sie wurden durch die Frauen, Kinder und alten Männer stark behindert, und unterwegs musste Nahrung gesammelt werden. Aber genauso langsam und gezielt folgten die Irokesen. Gelegentlich versuchten sie, die Illinois durch Friedensangebote zu überraschen; aber die Illinois waren vorsichtig. Die beiden Armeen marschierten Seite an Seite, nur durch den Fluss dazwischen, passierten den Peoria-See, und die Männer des Peoria-Dorfes gingen hinüber und schlossen sich ihren Brüdern an. Als die Irokesen zu den verlassenen Ruinen von Fort Crèvecœur unterhalb des Dorfes kamen, hielten sie lange genug an, um die Nägel aus den Balken des Bootsskeletts am Wasser zu ziehen.

Tag für Tag gingen Illinois und Irokesen am Fluss entlang. Nacht für Nacht standen sich auf dem Wasser einander Lagerfeuer gegenüber. Unterwegs hatten die Illinois viele ihrer Stämme versammelt. Die Peorias , die Cahokias , die Moingwenas , die Tamaroas und mehrere kleinere Stämme hatten sich der ziehenden Armee wie Teile eines rollenden Schneeballs angeschlossen. Wenn sie nur mit Waffen bewaffnet und frei von ihren Frauen und Kindern wären, könnten sie einen Schlag versetzen, an den sich die Irokesen noch lange erinnern würden. Aber klügere Ratschläge verhinderten einen solchen Schritt.

Es wurde immer schwieriger, für so viele Nahrung zu finden; und als sie sich dem Mississippi näherten, sehnten sie sich danach, jeden Stamm zu trennen und in sein eigenes Jagdrevier zu vertreiben. Sie verhandelten mit dem Feind auf der anderen Seite des Flusses und es wurde ein Waffenstillstand erklärt. Dann trennten sich die Illinois-Stämme. Die Moingwenas zogen mit mehreren kleineren Stämmen den Mississippi hinunter; die Peorias gingen auf die Westseite; während die Kaskaskias und Cahokias es vorzogen, flussaufwärts in Richtung des Landes der Sioux zu gehen. Aber die Tamaroas , die am glücklosesten von allen waren, hielten sich in der Nähe der Mündung des Illinois River auf. Es war die Gelegenheit, auf die die Irokesen gewartet hatten, denn ihre langjährige Politik bestand darin, „Teile und herrsche“. Dies war ihr Plan gewesen, als sie ins Tal kamen, die Miamis von den Illinois trennten und über letztere herfielen.

Sobald die anderen Stämme aus dem Weg waren, griffen die Irokesen die Tamaroas an . Dieser schwache Stamm floh voller Angst. Einige der Männer konnten fliehen, während der Rest massakriert wurde. Am Ufer des Illinois, nicht weit von seiner Mündung entfernt, befand sich eine offene Wiese; und hier spielten sich Szenen ab, die den Irokesen schon seit langem Hass und Furcht einflößten. Den Gefangenen wurden schreckliche Qualen auferlegt: Einige wurden zu Tode geröstet, andere wurden bei lebendigem Leib gehäutet. Manchen wurden die Nerven und Sehnen herausgerissen; und als ihre Folterungen ihre Arbeit getan hatten, wurden die Köpfe und sogar ganze Körper von Frauen und Kindern auf aufrechte Stangen gelegt und auf in den Boden getriebene Pfähle gelegt.

Kapitel XV

EINE SIOUX-KRIEGSPARTEI

Etwas mehr als sieben Monate bevor die Irokesen die Illinois-Stämme aus ihrem Flusstal vertrieben, paddelte eine Gruppe Tamaroas in hölzernen Unterstanden auf dem Illinois River, nicht weit von dem Ort entfernt, an dem später so viele ihrer Stämme massakriert wurden. Es war Anfang März, und überall auf dem Land zogen Gruppen von Indianern aller Stämme auf ihrer Winterjagd umher. Dass sie entlang der Bäche und Wege auf andere Wanderer trafen, war daher nicht überraschend. An diesem Tag stießen sie zufällig auf ein einzelnes Kanu, das den Fluss hinunterfuhr. Es handelte sich nicht um eine der bei ihren Stämmen üblichen Holzpirogen, sondern um ein kleines Kanu aus Birkenrinde, in dem sich drei weiße Männer befanden. Zwei von ihnen waren bärtig und braun vor Wind und Wetter; während der dritte ein glattes Gesicht und einen großen Körper hatte und in ein langes graues Gewand gekleidet war.

Die Tamaroas hatten nur wenige Weiße gesehen, aber wie die meisten Stämme des oberen Mississippi-Tals hatten sie von der französischen Festung in der Nähe des Dorfes ihres Bruderstamms, der Peorias , gehört ; und sie hatten den starken Wunsch, dass sich die Weißen in der Nähe ihrer eigenen Stadt niederließen und ihnen eiserne Waffen und bunte Stoffstücke als Geschenke brachten. Nun hielten sie das Kanu an und flehten die drei Männer an, mit ihnen nach Hause zu kommen und dem Dorf ihres Stammes am Westufer des Mississippi, etwas unterhalb der Mündung des Illinois, einen Besuch abzustatten.

Einer der bärtigen Reisenden, Michael Ako , antwortete mit einer Entschuldigung, der große graue Mönch nickte pompös zustimmend, während das Kanu flussabwärts glitt. Obwohl die Zeit ihrer Verhandlungen kurz war, hatten die Indianer beobachtet, dass das Kanu der Weißen nicht nur mit Proviant, sondern auch mit Pelzen und Handelswaren und vor allem mit Gewehren, Pulver und Kugeln beladen war. Sie gingen nicht den Mississippi hinunter zum Dorf der Tamaroas und ihrer südlichen Nachbarn, sondern den Great River hinauf in das Land der Sioux, ihrer Feinde.

Schnell beschlossen die Tamaroas , dass die Sioux-Krieger niemals die Waffen der Weißen in die Hand nehmen sollten. Schon jetzt waren sie, nur mit Pfeilen und Knüppeln bewaffnet, ein Feind, dem man kaum Beachtung schenkte. So zahlreich wie die Bäume in den Wäldern und schnell genug in ihren Rindenkanus, um die schwerfälligen Illinois-Pirogen weit zu übertreffen, was konnten die Tapferen des Nordens nicht mit Waffen anfangen? Es gab immer noch eine Chance, eine solche Katastrophe zu verhindern.

Die Tamaroas konnten die schnell paddelnden Weißen auf dem Wasser nicht überholen. Sie versuchten es und die Männer im Kanu lachten sie nur aus. Aber flussabwärts gab es einen Ort, den man schnell zu Fuß erreichen konnte und der sich gut für einen Hinterhalt eignete. Die flotten jungen Tamaroas -Kämpfer jagten über das Land und lagen bald auf der Lauer an einer schmalen Stelle, die in den Fluss hineinragte. Unglücklicherweise gingen die Tamaroas jedoch zu ihrem Unglück mit ihrem Lagerfeuer nicht vorsichtig genug um, und als die Weißen den Rauch sahen, schlichen sie sich leise am gegenüberliegenden Ufer vorbei. Und so setzte das kleine Rindenkanu seinen Weg zur Mündung des Illinois River fort; und noch vor Monatsende waren seine Bewohner, der Mönch Hennepin und seine beiden Gefährten, auf dem Weg den Mississippi hinauf.

Während sie ihre Barke mühsam gegen die Strömung dieses seltsamen neuen Baches trieben, herrschte in den Sioux-Dörfern, zu denen sie unterwegs waren, große Aufregung. Gruppen von Indianern hatten sich zum Kriegstanz versammelt, und bemalte Wilde verließen entkleidet und kampfbereit die Städte der Sioux in Richtung Süden. Bald erreichten sie das Wasser des großen Flusses, nicht weit von den St. Anthony-Fällen entfernt, und von diesem Punkt aus sausten dreiunddreißig Rindenkanus, bemannt mit mehr als hundert Mann, schnell flussabwärts. Die Sioux begannen einen Krieg gegen die Miamis und Illinois; und verbittert vor Rachegelüsten war ihr Anführer, der alte Häuptling Aquipaguetin , denn es war noch nicht lange her, dass die Miamis einen seiner Söhne getötet hatten.

Aquipaguetin und seine Sioux-Krieger an einem frühen Aprilnachmittag , als sie schnell über das Wasser glitten, am Ufer vor ihnen drei seltsame Männer sahen. Einer von ihnen, mit langem Körper und langem Gewand, war eifrig damit beschäftigt, ein Kanu aus Rinde zu bekleben, das am Ufer lag. Die anderen beiden Männer waren damit beschäftigt, etwas Fleisch in einem Kessel über einem Lagerfeuer zu kochen. Die drei Männer schauten auf und sahen, wie der Schwarm Indianer auf sie zukam. Hastig warfen sie das Geflügel, das sie gerade kochten, weg, warfen das Kanu ins Wasser, sprangen an ihre Plätze und begannen flussaufwärts zu paddeln, um den tapferen Sioux entgegenzukommen.

Für die eifrigen Sioux war dies bereits ein Abenteuer. Die jungen Tapferen zogen ihre Bögen zurück und Pfeile schossen durch die Luft. Noch in einiger Entfernung konnten sie die Männer hören, die ihnen mit Worten in einer fremden Sprache etwas zuriefen. Schließlich hielten die älteren Männer, nachdem sie das erhobene Friedenscalumet erblickt hatten, die jungen Tapferen mit ihren allzu heftigen Waffen zurück.

Wenige Augenblicke später hatten die Sioux das Kanu der Weißen erreicht. Einige der Indianer sprangen ins Wasser, andere ans Ufer und umzingelten die drei Fremden vollständig. Schnell kamen alle Kanus an Land, und Aquipaguetin und seine Mitführer ließen die Gefangenen sich auf Fellen am Flussufer niederlassen. Es waren Franzosen – zwei bärtige Händler und ein großer grau gekleideter Mönch – und um sie herum saßen im Kreis die Indianer. Zwar hatten die Sioux die Friedenspfeife an sich gerissen; aber sie wollten es nicht rauchen, denn sie waren noch nicht bereit für den Frieden. Michael Ako verstand die Bedeutung dieses Verhaltens und war beunruhigt.

Normalerweise hätte Pater Hennepin die Rauchzeremonie lieber ausgelassen, denn schon seit seiner Kindheit verabscheute er Tabakrauch. Als junger Recollet- Mönch war er viele Jahre zuvor in die Küstenstadt Calais geschickt worden, wo er die Geschichten von Seeleuten hörte, die gerade von der See heimgekehrt waren. Tatsächlich war sein Wunsch, Berichte über Reisen und kühne Taten zu hören, so groß, dass er sich hinter den Türen von Tavernen versteckte, wohin die Seeleute kamen, um zu rauchen und zu trinken, und ihnen (trotz des Tabakgeruchs, der ihn krank machte) zuhörte die Geschichten ihrer Reisen. Aber jetzt, so unangenehm der Tabakrauch auch war, hätte er zweifellos gerne tief aus der Friedenspfeife gezogen, wenn er nur gesehen hätte, wie diese Sioux das Calumet an ihre Lippen führten und so die Angst vor einem immer bereiten Tomahawk verbannten.

„Die Miamis ! Die Miamis ! Wo sind sie?" riefen die Sioux mit Worten, die selbst Ako , der Mann, der die indianischen Sprachen beherrschte, zunächst nicht verstand. Endlich verstand er, was sie bedeuteten; und mit einem Paddel zeichnete er ein Diagramm in den Sand, um zu zeigen, dass die Miamis in das Land der Illinois übergesiedelt waren und sich außerhalb der Reichweite der Sioux-Krieger befanden. Für die Kriegspartei war das eine bittere Nachricht. Drei oder vier der alten Männer legten ihre Hände auf die Köpfe der weißen Männer und brachen in Weinen und Wehklagen aus. Dann sprangen sie mit lautem Geschrei in ihre Kanus, zwangen ihre Gefangenen, ihre Paddel aufzunehmen, und überquerten den Fluss zu einem anderen Anlegeplatz. Hier berieten sie, was mit den Gefangenen geschehen sollte.

Miamis aufzugeben , doch der enttäuschte Aquipaguetin schien entschlossen, die Weißen zu töten. Zwei der Häuptlinge machten sich auf den Weg, um die Gefangenen durch Schilder darüber zu informieren, dass sie mit dem Tomahawk getötet werden sollten. Die weißen Männer antworteten, indem sie Äxte, Messer und Tabak zu Füßen des listigen Anführers der Indianer stapelten, und zufrieden mit dem Lösegeld sagte er für eine Weile nichts mehr vom Gemetzel.

In dieser Nacht gaben die Indianer den Weißen ihr noch ungeräuchertes Calumet zurück. Die Gefangenen teilten die Stunden in drei Wachen auf, damit sie nicht im Schlaf massakriert würden. Hennepin war entschlossen,

sich widerstandslos töten zu lassen, alles zum Ruhm seines Glaubens; aber
Ako und der Picard schliefen mit ihren Waffen nahe an ihren Händen.

Kapitel XVI

DAS LAND DER SIOUX

Als der Morgen kam, erschien Narrhetoba , einer der Häuptlinge der Sioux, vor den weißen Männern, bat um ihr Calumet, füllte es mit seinem eigenen Tabak und rauchte es in ihrer Gegenwart. Fortan war er ihr Freund, trotz der List des alten Häuptlings Aquipaguetin . An diesem Tag bestieg die Gruppe mit den drei weißen Gefangenen ihre Kanus und paddelte flussaufwärts in Richtung der Heimat der Sioux.

Jeden Tag im Morgengrauen weckte ein alter Mann die Tapferen mit einem Schrei, und bevor sie mit dem Paddeln des Tages begannen, suchten sie die Nachbarschaft nach Feinden ab. Sie waren fast drei Wochen unterwegs, bevor sie sich den Wasserfällen von St. Anthony näherten. Immer wieder drohte der alte Häuptling, der über den ungerächten Tod seines Sohnes trauerte, die Weißen zu töten; Dann sammelte er mit gierigen Fingern die Geschenke ein, mit denen er sie ihr Leben erkaufen ließ. Er trug ständig die Knochen eines toten Freundes bei sich, eingewickelt in Häute, die mit Stachelschweinfedern verziert waren, und legte dieses Bündel oft den Gefangenen vor und verlangte von ihnen, die Knochen zu Ehren der Toten mit Geschenken zu bedecken.

Während ihrer Reise brach der alte Häuptling manchmal in heftige Wut aus und gelobte die Vernichtung der drei Fremden. Aber bei solchen Gelegenheiten wurde er von den anderen Häuptlingen zurückgehalten, die erkannten, dass, wenn sie diese weißen Männer töteten, keine Händler mehr in das Sioux-Land kommen würden, die Waren und Waffen brachten – sie sprachen von „dem Eisen, das von einem bösen Geist besessen ist". "

Worten bewegte, waren sie fast im Begriff, ihn zu töten – denn er war sicherlich ein Zauberer, der sich leise mit einem Bösen unterhielt Geist, der jeden Moment überredet werden könnte, sie alle zu töten. Als Ako und der Picard die Wirkung der Hingabe des Mönchs sahen, drängten sie ihn, solche gefährlichen Praktiken aufzugeben. Doch anstatt seine heiligen Worte zu murmeln, begann der störrische Hennepin nun mit lauter und fröhlicher Stimme aus dem Buch zu singen, sehr zur Erleichterung der Indianer, die dies weitaus weniger fürchteten als die gemurmelten Untertöne.

Schließlich verließen sie den Fluss nicht weit von den St. Anthony-Fällen entfernt und eilten nach Norden zu den Dörfern, die in der Region des breiten Mille Lac lagen, wobei die langbeinigen Sioux mit großer Geschwindigkeit den Boden bedeckten. Sie wateten durch Bäche, die vom Frost der Nacht zuvor mit einer Eisschicht bedeckt waren. Weder Ako noch die Picards konnten schwimmen und so fuhren sie oft auf dem Rücken der

Sioux hinüber. Hennepin war nicht für Schnelligkeit gebaut, und die Indianer waren ungeduldig über sein langsames Vorankommen, zündeten die Prärie hinter ihm an und trieben dann, seine Hände ergreifend, den verängstigten Gebetsmann vor die züngelnden Flammen. Als sie das erste Dorf erreichten, trennte sich die Kriegspartei schließlich und jeder Sioux zog in seine eigene Heimatstadt.

Der arme Picard, der seine wachsenden Ängste nicht verbergen konnte, hatte die Verachtung der Sioux geweckt, die ihn ohne sanfte Hände ergriffen, denn sie sahen in ihm einen Feigling, der keinen solchen Respekt verdiente, wie sie seinem strengeren Freund Ako bereitwillig entgegenbrachten . Er sollte wie ein gewöhnlicher indischer Gefangener behandelt werden. Also bemalten sie seinen Kopf und sein Gesicht mit verschiedenen Farben, befestigten ein Federbüschel in seinem Haar, legten ihm einen mit kleinen runden Steinen gefüllten Kürbis in die Hand und ließen ihn singen, indem er seine Rassel in der Luft schüttelte, um den Takt der Musik zu halten.

Doch wie die Stämme des Illinois Valley waren die Sioux ein gastfreundliches Volk. Sie fütterten die weißen Männer mit Fisch und Wildreis, gewürzt mit Blaubeeren, und servierten ihnen Gerichte aus Birkenrinde. Dann begannen sie, die Vorräte, die sich noch in den Händen der Weißen befanden, unter sich aufzuteilen. Darüber hinaus adoptierten drei Häuptlinge, die in ebenso vielen Dörfern lebten, die drei Gefangenen und verschleppten sie in ihre Häuser. Vielleicht war es Ako nicht leid, sich von dem Mönch zu trennen, denn Hennepins prahlerische Art hatte seine Geduld auf eine harte Probe gestellt.

Es war der alte Häuptling Aquipaguetin , der Hennepin in seine eigene Familie aufnahm, um den Platz des Sohnes einzunehmen, den er verloren hatte. Er gab dem Mönch ein großes Gewand aus zehn Biberfellen, besetzt mit Stachelschweinfedern, und befahl seinem halben Dutzend indianischer Frauen, ihn wie den Sohn eines Häuptlings zu behandeln. Und als er bemerkte, wie erschöpft Hennepin nach der langen Reise war, befahl der Häuptling, ihm ein Schwitzbad vorzubereiten.

Mit Büffelfellen wurde eine Schwitzhütte errichtet. Durch eine kleine Öffnung, die hinter ihnen verschlossen war, traten Hennepin und vier Tapfere ein, bis auf die Haut entkleidet. In die Mitte dieses Hauses waren glühende Steine gelegt worden, und diese, nun mit Wasser besprengt, gaben Dampfwolken ab. Als der Schweiß aus den Körpern der Männer strömte, legten die vier Indianer ihre Hände auf den Mönch und rieben ihn kräftig; und als er vor Schwäche fast in Ohnmacht fiel, wurde er aus der Schwitzhütte getragen und wieder mit seinem Gewand bedeckt. Dreimal in der Woche erhielt der Mönch dieses Schwitzbad, das ihm, wie er sagte, so gut wie eh und je gereicht habe.

Hennepin und viele seiner Habseligkeiten waren für die Sioux-Indianer ein Rätsel. Sein rasierter Kopf und sein geschorenes Gesicht erweckten ihre Bewunderung, und so beauftragten sie ihn damit, den Jungen die Köpfe zu rasieren. Er ließ auch Kranke bluten, und die seltsamen Medikamente, die er mit sich herumtrug, erfüllten bei den kranken Sioux viele nützliche Zwecke. Er hatte einen eisernen Topf mit drei Füßen in Form von Löwentatzen mitgebracht . Dies wagten die Sioux nicht zu berühren, es sei denn, sie wickelten ihre Hände vorher in ein Büffel- oder Hirschfell. Da sie es nicht wagten, es in den Tipis oder Hütten aufzubewahren, hängten die Frauen es mit großer Angst im Herzen draußen an den Ast eines Baumes.

In zwei anderen Städten der Sioux lebten die Ako und die Picard nach primitiver Indianerart. Die Dorfbewohner empfanden Ako als einen Mann nach ihrem Herzen, denn er hatte mit Indianern gelebt, ihr wildes Leben genossen und kannte ihre Sitten wie nur wenige Weiße. Nach und nach lernte er die Sprache der Sioux, so wie er die Sprachen anderer Stämme gelernt hatte, die in den Flusstälern im Süden und Osten lebten.

In ihrem Heimatland, das sich über viele Meilen nach Westen und Norden erstreckte, lebten die Sioux-Stämme größtenteils in Gruppen von Tipis – Hütten, die sich deutlich von den runden Häusern der Illinois unterschieden. Beim Bau des Tipis, das klein und konisch war, stellten die Squaws zunächst etwa zwanzig Stangen in einem Kreis auf und banden sie dann oben mit einem stabilen Lederriemen zusammen. Dieses Gerüst war mit Büffelhäuten bedeckt, fest zusammengenäht und hatte eine Klappe für einen Eingang, der immer nach Osten zeigte. Aus dem Feuer in der Mitte des Tipis stieg der Rauch auf und strömte aus einem Loch, in dem die Stangen oben zusammengefügt waren. Einige der Sioux lebten jedoch in sogenannten Bark Lodges, die aus einem Dachfirst gebaut und mit der Rinde der Ulme gedeckt waren.

In den Frühlingsmonaten des Jahres 1680, als es wärmer wurde und in den Sommer überging, freuten sich die tapferen Sioux in den Dörfern in der Nähe von Mille Lac sehnsüchtig auf eine Büffeljagd. Aquipaguetin forderte seinen Pflegesohn auf, sich der Gruppe auf einer langen Reise in den Südwesten anzuschließen. Doch Hennepin wollte nun in die Zivilisation zurückkehren, denn er hatte in seinem Ministerium wenig Erfolg gehabt. Also bat er um Erlaubnis, eine Reise bis zur Mündung des Wisconsin unternehmen zu dürfen, wo er sagte, La Salle habe versprochen, Männer mit Vorräten und Waren zu schicken. Nach einiger Diskussion forderten ihn die Sioux auf, zu tun, was er wollte, und den Picard mitzunehmen. Als sich die Büffeljäger aus den verschiedenen Dörfern versammelten, schloss sich der Picard erneut seinem Freund, dem Mönch, an. Ako hingegen scheute es nicht, sie gehen zu sehen, und schloss sich den Jägern an.

Mit Ouasicoudé oder der Pierced Pine, dem größten Häuptling aller Sioux, als Anführer folgte die Jagdgruppe dem Bach, der heute als Rum River bekannt ist, bis er ein paar Meilen oberhalb der Falls of St. Anthony in den Mississippi mündete. Hier machten die Frauen der Gruppe Halt, um mit der Arbeit an Kanus aus Birkenrinde zu beginnen. Während sie auf die Ankunft derjenigen warteten, die lange Rindenstreifen gesammelt hatten, stellten die Frauen Rahmen oder kleine Pfosten auf, auf denen sie die Kanus bauen konnten. Nachdem die Büffeljäger zunächst einige von ihnen zu den Wasserfällen geschickt hatten, um dem Geist des Wassers ein Opfer darzubringen, machten sie sich mit Ako in ihrer Mitte auf den Weg. und Bruder Hennepin und der Picard machten sich allein in ihrem Kanu auf den Weg den Mississippi hinunter, in der Hoffnung, die Gruppe der Weißen an der Mündung des Wisconsin zu erreichen.

Kapitel XVII

EINE BÜFFELJAGD

Ein frommer Sioux kletterte auf einen Baum, der neben den Wasserfällen von St. Anthony stand, weinte und klagte bitterlich, während er ein feines Biberfell an den Zweigen befestigte. Auf der Innenseite war die Haut sorgfältig bearbeitet und weiß gestrichen und mit Stachelschweinfedern verziert. Und während er dem Geist der Wasserfälle dieses Opfer darbrachte, schrie er mit lauter Stimme:

„Du, der du ein Geist bist, gewähre, dass unsere Nation ruhig und ohne Unfall hier vorbeiziehen kann, möge Büffel in Hülle und Fülle töten, unsere Feinde besiegen und Sklaven hereinbringen, von denen wir einige vor dir töten werden. Die Füchse haben unsere Verwandten getötet. Gewähre, dass wir sie rächen.

Unk -ta-he, der Gott, der unter den Wasserfällen des heiligen Antonius wohnte, muss sein Gebet erhört haben, denn alles, was er verlangte, wurde gewährt. Viele Büffel fielen den Jägern zum Opfer, und später in der Saison griffen sie das Volk der Füchse an und ihr Sieg war großartig. Sie brachten ihre Gefangenen nach Hause, um sie dem Geist zu opfern, der ihnen so glorreichen Erfolg beschert hatte.

An diesem frühen Julitag schauten Hennepin und der schüchterne Picard auf, als sie die Wasserfälle umrundeten, sahen, wie die Sioux sein verziertes Gewand präsentierten, und hörten, wie er sein Gebet sprach. Dann schoben sie ihr Kanu ins Wasser und setzten ihre Reise auf dem Bach fort, der so schnell am Fuße der Wasserfälle hervorschoss. Der Sioux kletterte vom Baum herunter und begleitete seine Freunde auf ihrer Jagd entlang des Flusses und über die Ebenen hinaus.

Der schlaue Aquipaguetin war bei ihnen, und im Laufe der Tage dachte er immer wieder an die Geschichte, die Hennepin ihm von anderen weißen Männern erzählt hatte, die La Salle mit Waren und Waffen an die Mündung des Wisconsin geschickt hatte. Warum sollte er diese Männer nicht selbst treffen und ihre ersten üppigen Geschenke entgegennehmen? Schließlich konnte er sich nicht länger zurückhalten und paddelte mit etwa zehn Männern flussabwärts hinter Hennepin und dem Picard her. Die beiden weißen Männer hatten viele Abenteuer erlebt. Bei ihrer Jagd hatten sie kein Glück gehabt und waren oft dem Verhungern nahe. Einmal verbrachten sie zwei Tage ohne Nahrung, als sie beim Überqueren des Flusses auf Büffel stießen. Dem Picard gelang es, einer der Kühe in den Kopf zu schießen. Da das Tier zu schwer war, um es an Land zu ziehen, zerschnitten sie es im

Wasser in Stücke. Dann feierten sie so ausgiebig, dass sie mehrere Tage lang zu krank waren, um die Reise fortzusetzen.

Hennepin und Picard waren noch ein gutes Stück über Wisconsin, als Aquipaguetin sie überholte. Er blieb nicht lange stehen, sondern paddelte noch einmal und erreichte bald die Mündung des Flusses, wo Marquette sieben Jahre zuvor zum ersten Mal den Mississippi gesehen hatte. Dort blieb er stehen und sah sich nach Anzeichen weißer Männer um. Am Fluss befand sich kein Lager, und so weit sein Auge reichte, stieg auch kein Rauch auf. Nachdem er vergeblich gesucht hatte, wandte er sich schließlich mit großem Zorn nach Norden, um seinen Pflegesohn zu suchen.

Der Picard war auf die Jagd gegangen und der Mönch war allein unter einem Unterschlupf, den sie zum Schutz vor der Sonne errichtet hatten. Als er aufblickte, sah er, wie sein Pflegevater mit der Keule in der Hand auf ihn zukam. Aus Angst um sein Leben griff er nach zwei Picard-Pistolen und einem Messer. Vielleicht schüchterte der mit diesen unheiligen Waffen bewaffnete Mönch den Häuptling ein, denn er begnügte sich damit, seinen Adoptivsohn mit Verwünschungen zu überschütten, weil er auf der falschen Seite des Flusses kampierte und sich so vorschnell dem Feind aussetzte. Dann drängte er weiter, um zu seinen Sioux-Kollegen zurückzukehren.

Die Jägergruppe hatte sich nun nach Süden gedreht und traf wenige Tage später auf Hennepin und den Picard, die sich ihnen auf der Spur des Großwilds anschlossen. Viele Meilen den Mississippi hinunter jagten sie Büffel und erbeuteten insgesamt einhundertzwanzig dieser zottigen Tiere. Während der Jagd war es üblich, alte Männer auf den höchsten Stellen der Klippen und benachbarten Hügel zu postieren, um nach Feinden Ausschau zu halten. Eines Tages war Hennepin mit einem scharfen Messer beschäftigt und versuchte, einem Indianer einen langen Dorn aus dem Fuß zu schneiden, als im Lager Alarm ertönte. Zweihundert Bogenschützen sprangen zu ihren Waffen und rannten in Richtung des Alarms. Um nicht vom Kampf ausgeschlossen zu werden, sprang der Indianer mit dem verwundeten Fuß ebenfalls auf und rannte so schnell wie alle anderen davon. Die Frauen begannen ein trauriges Lied, das sie so lange aufrechterhielten, bis die Männer zurückkamen und sagten, dass es sich nicht um einen Feind, sondern um eine Herde von fast hundert Hirschen handelte.

Einige Tage später verkündeten die Männer von ihren hohen Posten aus, dass in der Ferne zwei Krieger seien. Wieder rannten die jungen Mutigen los und trafen auf zwei Sioux-Frauen, die gekommen waren, um den Häuptlingen zu erzählen, dass eine Gruppe Sioux, die am Ende des Lake Superior jagte, fünf weitere weiße Männer gefunden hatte, die nach Süden kamen, um mehr über die drei Weißen zu erfahren mit Ouasicoudés Band.

Als sie einige Tage später von der Jagd zurückkehrten, trafen sie diese fünf neuen weißen Männer. Ihr Anführer war der Sieur Du Luth, ein berühmter Jäger und Entdecker, der über den Lake Superior in das obere Ende des Mississippi-Tals gelangt war, und mit ihm waren vier französische *Coureurs de Bois* . Du Luth war ein Cousin von Henry de Tonty, und mit großer Begeisterung hörte er von Ako und seinen Freunden die Geschichte der Gruppe Weißer, die sich im Dorf Peoria niedergelassen hatte, und von der Festung, die sie am Illinois River errichtet hatten.

Inzwischen waren acht weiße Männer in der Gruppe, die nach Norden zu den Sioux-Städten am See zog. Die Indianer kamen bald zu dem Schluss, dass Du Luth ein mächtiger Mann unter den Weißen war – vielleicht mehr als Ako , der Anführer der ersten drei Besucher, die in ihr Land gekommen waren. Aber weder Ako noch Du Luth schienen dem grau gekleideten Mönch die hohe Wertschätzung entgegenzubringen, die ihm zustehen schien.

Als sie in den Dörfern ankamen, veranstalteten die Sioux ein großes Fest für die Bleichgesichter, die aus dem Süden und Norden in ihr Land gekommen waren, und mehr als einen Monat lang lebten rote und weiße Männer in Frieden zusammen, wobei jeder von ihnen lernte andere. Der September neigte sich dem Ende zu, und als der Winter nahte, brannten die weißen Männer darauf, zu ihresgleichen zurückzukehren. Sie sicherten sich die Zustimmung von Ouasicoudé , der ihnen eigenhändig eine Karte der Route zeichnete, die sie nehmen mussten.

Mit dieser Karte begaben sie sich in zwei Kanus auf den Rum River, und ein paar Tage später hatten sie den Mississippi erreicht und trugen ihr leichtes Boot um die Wasserfälle von St. Anthony herum. Hier stahlen zwei von Du Luths Männern, sehr zum Zorn ihres Anführers, Roben, die als Opfer für den Geist des Wassers in den Bäumen hingen. Sie hielten an der Mündung des Wisconsin, um das Fleisch einiger Büffel zu räuchern, die sie getötet hatten. Während sie an diesem Punkt lagerten, kamen drei Sioux, um ihnen von etwas zu erzählen, was passiert war, seit sie die nördlichen Dörfer verlassen hatten. Eine Gruppe von Sioux, angeführt von einem der Häuptlinge, hatte geplant, die acht weißen Männer zu verfolgen und sie zu töten und auszuplündern. Aber Ouasicoudé , der Pierced Pine, der immer freundliche Häuptling, war so wütend, dass er zur Hütte des Häuptlings der Verschwörer ging und ihn im Beisein seiner Freunde mit einem Tomahawk erlegte.

Aus Dankbarkeit für ihre Befreiung paddelten die Weißen mit ihren Kanus den Wisconsin River hinauf, überquerten die Portage zum Fox River und folgten diesem Fluss nach Green Bay und seinen Siedlungen französischer Priester und Händler. Zurück in dem Land, das sie verlassen hatten, führten die Sioux inzwischen einen erbitterten Krieg mit Illinois und anderen Nationen des Südens. Paessa , ein Kaskaskia-Häuptling, der das Dorf seines Volkes trotz Tontys Einwänden vor dem Einmarsch der Irokesen verlassen hatte, hatte eine Gruppe tapferer Illinoiser in die Festungen des oberen Mississippi gegen ihre langjährigen Feinde geführt.

Im Tal des Illinois und in den Tälern der Flüsse, die zusammenflossen und den Strom des mächtigen Mississippi bildeten, war kein weißer Mann mehr zu finden. Als der erste Schnee kam, befanden sich die Stämme des oberen Mississippi mit ein paar Waffen und Messern und bunten Stoffstücken und der Erinnerung an die Lebensweise des weißen Mannes. Doch statt der blassgesichtigen Franzosen, die mit Geschenken kamen und um Frieden baten, schlichen jetzt die treulosen Irokesen durch ihre Täler, deren Hände rot vom Blut der besiegten Nationen waren und deren Herzen von den Flammen verbrannt waren sie verbrannten ihre Gefangenen.

Kapitel XVIII

DIE MIAMIS kehren um

Die Lagerfeuer von fünfhundert Irokesen glühten in der frostigen Nachtluft, der Rauch schwebte darüber wie eine treibende Wolke unter dem Mond. Einige der fünfhundert lagen schlafend, die Waffen in der Hand, während andere vor möglicher Gefahr Wache hielten. Viele Wochen waren vergangen, seit sie die Illinois aus dem Tal des Flusses vertrieben hatten, der ihren Namen trug, und jetzt war es überall auf und ab ruhig. Kein Dorf in Illinois entlang der Küste schickte den Rauch seiner Hüttenfeuer nach oben. Keine Winterjagdgruppe lagerte am zugefrorenen Bach. Obwohl das Tal von seinen alten Bewohnern verlassen war, mangelte es gleichzeitig nicht an Anzeichen dessen, was der Grund für ihre Abreise gewesen war. Der Mond, der in dieser Nacht über den zurückkehrenden Irokesen hing, schien über die gesamte Länge des Flusses und enthüllte hundert Meilen weit entfernte Szenen, die ebenso deutlich vom Vorbeiziehen der Irokesen sprachen wie die Spur im Neuschnee vom Vorbeiziehen eines Wolfes.

Der Weg begann im großen Dorf Kaskaskias . Hier fiel das fahle Licht auf die halb verbrannten Ruinen der Hütten, den verstreuten Inhalt der Verstecke, den geschändeten Friedhof und die Wölfe, die immer noch mit wildem Geheul in der Stadt herumlungerten, die ihre menschlichen Cousins verwüstet hatten. Den Fluss hinunter verlief der Weg, der von der Asche verlassener Lager markiert war, vorbei an den Hütten der Peorias , dem zerstörten Fort Crèvecœur und den Rippen des unvollendeten Schiffes, die weiß im Mondlicht schimmerten. Dann kam die Asche weiterer Lager, die sich immer gegenüberstanden, während sie dem Fluss bis zur offenen Wiese nahe der Mündung folgten, wo die grimmigen Gestalten der gefolterten Tamaroas standen .

Nein, die Spur der Irokesen war im Illinois Valley nicht schwer zu verfolgen. Für einen Indianer war es auch keine schwierige Aufgabe, den Weg zu finden, den sie eingeschlagen hatten, als sie nach dem Massaker an den Tamaroas viele Meilen südöstlich quer durchs Land in das Tal des Ohio River gezogen waren. Die irokesischen Krieger, stolz auf ihre Siege und stolz auf ihre grausamen Taten, reisten ohne Angst. Beladen mit Pelzen und Beute, mit Dutzenden von Sklaven aus Illinois in ihrem Lager, wussten sie nicht, dass sie verfolgt wurden. Aber sie waren es. Der Kaskaskia-Häuptling Paessa , der vor dem Überfall der Irokesen mit einer Kriegsbande gegen die Sioux aufgebrochen war, war nun in das Tal seiner Nation zurückgekehrt, nur um Ruinen und den gut markierten Pfad der Irokesen vorzufinden.

Die Band bestand aus nur hundert Leuten, doch in ihrem Rachegelüst kannten sie keine Zahlen. Mit zunehmender Wut folgten sie der Spur des

Feindes, und Nacht für Nacht näherten sich ihre Lagerfeuer durch das Ohio Valley denen der Irokesen. Die Irokesen zogen weiter in Richtung Heimat. Weit im Osten lagen ihre Langhausdörfer in dem Land, wo der Ohio River nördlich entspringt. Sie hatten Illinois zerstreut und ihr Land verwüstet. Den schwächeren Miamis hatten sie nicht geschadet, vielleicht weil sie es noch nicht zu ihrem Vorteil erkannt hatten. Aber jetzt drangen sie in die Jagdgründe der Miamis vor , die vom Lake of the Illinois im Süden bis zum Ohio reichten.

Eines Tages stießen sie zufällig auf eine Gruppe von Jägern aus Miami, und ohne zu zögern fielen die Irokesen über sie her, töteten einige und fügten andere zu den Gefangenen aus Illinois hinzu, die sie nach Hause trugen. Der Winter brach mit solcher Heftigkeit über sie herein, dass sie anhielten und drei Festungen an den Ecken eines Dreiecks errichteten, jede Festung in einem Abstand von zwei Meilen voneinander. Hierhin schickten die Miamis eine Delegation mit der Bitte um die Freilassung ihrer Gefangenen. Aber sie wurden von den prahlerischen Irokesen verspottet. Dann boten sie ihren Männern dreitausend Biberfelle als Lösegeld an. Nachdem die überheblichen Eroberer ihre eigenen Verbündeten angegriffen hatten, begingen sie nun eine unverzeihliche Sünde gegen die indianische Sitte. Sie nahmen das Geschenk der Miamis an , weigerten sich jedoch, ihre Gefangenen freizulassen. Die Miamis stellten traurig fest, dass sie ihre Nachbarn, die Illinois, im Stich gelassen hatten, nur um sich mit einer Verräterbande zu verbünden.

Der Winter konnte die Racheparty unter Paessa nicht stoppen . Und eines Nachts schlüpfte die mutige Bande zwischen zwei der Forts hindurch und schlug ihr Lager in der Mitte des Irokesen-Dreiecks auf. Bei Tagesanbruch sollten einige in diesen Festungen den Tod für den empörten Friedhof und für die zertrampelte Wiese schmecken, auf der Tamaroas gestorben war.

Doch in derselben Nacht sahen zwei Irokesenjäger ihr Lagerfeuer und näherten sich, um zu sehen, wer sie seien. Einer der beiden hatte das Lager betreten, als ein junger und unbesonnener Tapferer aus Illinois, der sich nicht zurückhalten konnte, auf ihn sprang und ihn erschlug. Blitzschnell war der andere verschwunden. Ihr Geheimnis war gelüftet. Eine Überraschung war nun ausgeschlossen und die Band bereitete sich auf ein grandioses Aufeinandertreffen vor. Es kam mit dem Tageslicht. Von allen Seiten drangen die Irokesen auf sie ein. Mit einer zahlenmäßigen Unterlegenheit von fünf zu eins hielten die tapferen Illinois den ganzen Wintertag über ihre Stellung. Am Abend zogen sich beide Seiten zurück. Ein Drittel der unerschrockenen Hundert war tot, darunter die tapfere Paessa . Doch am Morgen nahm die unbesiegbare Bande den Kampf erneut auf. Dreimal warfen sie sich auf den Feind. Als sie schließlich die Hoffnungslosigkeit ihres Kampfes erkannten, zogen sie sich zurück und befreiten sich von dem verhassten Dreieck.

Die Nachricht von diesen Schlachten im Ohio Valley verbreitete sich schnell unter den Stämmen Miamis. Die Häuptlinge des großen Dorfes am Quellgebiet des Kankakee, nahe dem Fuß des Lake of the Illinois, dachten im Rat mit großer Sorge über die Situation nach. Sie hatten sich mit den Irokesen gegen Illinois verbündet, und nun hatten ihre irokesischen Verbündeten sie auf verräterische Weise angegriffen. Was würde angesichts des unbezwingbaren Mutes, den die Illinois gerade in der Schlacht um das Dreieck gezeigt hatten, mit den Miamis geschehen , wenn die Irokesen verschwunden waren und die Illinois-Stämme zurückkamen, um sich an ihren Nachbarn zu rächen?

Sie hatten auch andere wichtige Dinge zu bedenken. Ein paar Meilen nördlich ihres Dorfes, wo der St. Joseph River in den See mündete, lagen viele Monate lang die Ruinen von Fort Miami, das ein Jahr zuvor von La Salle erbaut und im April von den Deserteuren aus Fort Crèvecœur abgerissen worden war . Aber jetzt wurde Fort Miami wieder aufgebaut; denn aus dem Osten war La Salle wieder gekommen. Im Juli hatte er am fernen Ontariosee einige der Deserteure von Fort Crèvecœur gefunden , zwei Kämpfer erschossen und den Rest gefangen genommen. Dann hatte er sich auf den Weg nach Illinois gemacht, um Tonty zu retten; aber es war November, bevor er an der Mündung des St. Joseph River landete. An dem Tag, als seine Kanus das Ufer erreichten, kämpfte sich Tonty, krank und mehr als halb verhungert, am Westufer des Sees entlang nach Norden und versuchte, die französischen Siedlungen mit der Nachricht vom Überfall der Irokesen zu erreichen.

La Salle ließ einige seiner Männer zurück, um die Festung wieder aufzubauen, und drang den Kankakee hinunter vor, wobei seine Sorge um Tonty stetig zunahm. Im Dorf Kaskaskia traf er auf die Spur, die die Irokesen hinterlassen hatten, und folgte ihr flussabwärts bis zur Massakerwiese nahe der Mündung. Nirgendwo fand er eine Spur von Tonty, und schweren Herzens kehrte er zu seinen Männern nach Fort Miami zurück. In seiner Abwesenheit hatte eine Gruppe Neuengland-Indianer, hauptsächlich Abenakis und Mohegans, ihre Logen rund um die Festung aufgeschlagen, und als La Salle erschien, schlossen sie sich seiner Gruppe an und schworen, ihm als ihrem Häuptling zu folgen.

Eine wichtige Tatsache trat La Salle jetzt deutlich in den Sinn. Wenn er bei der Erkundung und Besiedlung des Mississippi-Tals etwas erreichen wollte, musste er die Miamis , die Illinois, die Shawnees und andere Bewohner des Great Valley in ein so festes Bündnis untereinander und mit sich selbst bringen, dass sie es nicht brauchen Angst vor Irokesen oder anderen Eindringlingen. Wenn er ein solches Bündnis zustande bringen könnte, würde er sich frei fühlen, seine lange verspätete Reise an die Mündung des Mississippi anzutreten und auf diese Weise den Handel mit

Frankreich über die Meere hinweg zu eröffnen. Mit diesem Gedanken im Hinterkopf nahm er fünfzehn Männer und machte sich am 1. März auf den Weg, um die Kommunikation mit den Illinois aufzunehmen, von denen gelegentlich Gruppen begannen, in ihr Tal zurückzukehren.

Mit ihren Schneeschuhen bewegten sich die Männer mühelos über den Schnee, aber das grelle Sonnenlicht war so intensiv, dass La Salle mehrere Tage lang von Schneeblindheit geplagt war. Während er leidend dalag und weder sehen noch schlafen konnte, stießen einige seiner Männer auf Spuren, die sie zu den Hütten einer Jagdgruppe von Fuchsindianern führten, von denen sie zu ihrer großen Freude erfuhren, dass Tonty am Leben war und ein Dorf erreicht hatte von Pottawattomies in Green Bay. Sie erfuhren auch , dass Ako , Hennepin und der Picard sicher in die Siedlungen am See zurückgekehrt waren.

Als er nicht lange danach weiter talabwärts ging, traf er auf eine Bande aus Illinois. Sie erzählten ihm die Geschichte des Überfalls der Irokesen und zeigten ihm Briefe von schwarzgekleideten Priestern, die ihnen die Irokesen gegeben hatten. Diese Briefe schienen den Charakter von Pässen zu haben, die die Irokesen im Falle ihrer Gefangennahme durch die Illinois schützen sollten. Die Illinois fügten hinzu, dass ihre Feinde weitere Briefe an Pater Allouez hätten, und sie interpretierten die ganze Angelegenheit so, dass die Black Gowns einen Angriff auf sie wünschten.

Nun hatte La Salle viele Jahre lang eine Abneigung gegen die Jesuiten gehabt und ihnen vorgeworfen, sie wollten seine Pläne blockieren und seine Unternehmungen scheitern lassen. Besonders hasste er den schwarz gekleideten Pater Allouez. Der Priester wusste das, und es war die Nachricht von La Salles Ankunft, die ihn an jenem Weihnachtsabend des Jahres 1679 dazu veranlasst hatte, aus dem Dorf der Kaskaskias zu fliehen . Doch nun wollte La Salle die Ängste der Illinois zerstreuen, und so tat er es versicherte ihnen, dass ihr Misstrauen gegenüber den schwarzgekleideten Priestern unbegründet sei. Er erzählte ihnen von seinen Plänen, im Illinois Valley eine Kolonie zu gründen und dort viele französische Soldaten anzusiedeln, um die Stämme zu schützen, die sich am Fluss niederließen; und er forderte sie auf, sich wieder mit den Miamis anzufreunden und sich mit ihnen gegen ihren gemeinsamen Feind von außen zusammenzuschließen.

Die Illinois waren mit den Plänen von La Salle sehr zufrieden und machten sich auf den Weg mit dem Versprechen, ihrem Volk seine Botschaft zu überbringen. La Salle schickte einen Boten, um Tonty zu sagen, er solle in Mackinac auf ihn warten, und kehrte dann zu seiner Festung am St. Joseph zurück. Er hatte mit Illinois einen Anfang gemacht; Sein nächster Schritt bestand darin, die Miamis in eine Allianz zu bringen .

In dem Dorf Miami südlich seiner Festung herrschte zu dieser Zeit große Unsicherheit. Die Indianer beobachteten die Bewegungen der weißen Männer mit Sorge und fürchteten den Zorn der Illinois, wenn sie zurückkehren würden. Dennoch schienen die Irokesen sie immer noch in ihren Bann zu ziehen. In diesem Frühjahr kamen drei irokesische Krieger prahlerisch und prahlerisch in das Dorf Miami. Aber trotz ihres Verrats wagten die Miamis nicht, ihnen etwas anzutun. Die Besucher erzählten von ihren Heldentaten im Kampf, verspotteten die Franzosen und forderten die Miamis auf, den Krieg gegen Illinois fortzusetzen.

Doch eines schönen Frühlingstages betrat La Salle selbst mit zehn der verachteten Franzosen und einer Handvoll Neuengland-Indianern das Dorf. Mit neugierigen Augen beobachteten die Miamis die prahlerischen Irokesen. Würden sie jetzt den Franzosen die Stirn bieten? Als La Salle ankam, beeilten sich die drei Krieger, ihn zu besuchen und ihm ihre aufrichtige Verehrung zu erweisen. Aber der weiße Häuptling empfing sie kalt, drohte ihnen und forderte sie heraus, in seiner Gegenwart zu sagen, was sie vor seinem Kommen gesagt hatten. Beschämt und schweigend schlichen sie davon und flohen in dieser Nacht aus dem Dorf.

Die Miamis hatten ihre Lektion gelernt – eine Lektion, die sie nur langsam gelernt hatten. Das Unbehagen der prahlenden Irokesen hatte die letzte Bindung gebrochen, die sie an ihre falschen Freunde der Fünf Nationen knüpfte. Sie kamen nun zu einem großen Rat mit La Salle in der Loge des obersten Häuptlings zusammen, und damit alle es hören konnten, entfernten sie die Rindenwände der Loge und öffneten sie für die Menschenmenge draußen.

KAPITEL XIX

Ein Häuptling erwacht zum Leben

Als sich die Miamis in und um die offene Loge des Häuptlings versammelt hatten, ließ La Salle einen der Neuengland-Indianer die Geschenke, die er machen wollte, in den Rat bringen. Dann wählte er zunächst eine Rolle Tabak aus dem Stapel aus und präsentierte sie den Miamis sagte:-

„Möge dieser Tabak, während Sie ihn in Ihren Pfeifen rauchen, die Nebel aus Ihrem Geist vertreiben, damit Sie ohne Verwirrung denken können.

„Und das", sagte er und legte ein Stück blaues Tuch hin, „um die Leichen Ihrer Verwandten zu bedecken, die gerade von den Irokesen getötet wurden." Möge es Ihren Blick von ihren toten Formen auf den friedlichen blauen Himmel richten, wo die Sonne so hell scheint.

„Und hier ist ein Stück rotes Tuch, um die Erde zu bedecken, damit ihr das Blut eurer Brüder nicht mehr seht. Seine Farbe ist wie die, mit der Sie Ihre Gesichter für ein Fest bemalen, und wird für Sie bedeuten, dass Sie danach immer in Freude und Freude leben werden.

„Hier sind Umhänge, um die Körper der geliebten Menschen zu bedecken, die Sie verloren haben. Mögen sie ein Zeichen unserer Wertschätzung und Freundschaft sein. Und nehmen Sie diese fünfzig Beile, um Ihnen zu helfen, ein prächtiges Grab zu ihrem Gedenken zu errichten. Und diejenigen, die keinen schönen Schmuck haben, den sie bei dem Fest tragen können, das du den Verstorbenen gibst – lass sie diese Halsketten und Armbänder, diese Ringe und Glasperlen und Glöckchen tragen und lass sie sich mit dieser Farbe bemalen."

Dann zog er dreißig Schwertklingen hervor, beugte sich vor und pflanzte sie kreisförmig in den Lehmboden der Hütte, um die Geschenke, die er gegeben hatte, und umschloss sie.

„Und so", sagte er, „werde ich eine eiserne Palisade um dich machen, damit die Körper deiner toten Freunde keinen Schaden erleiden."

Er richtete sich neben dem Eisenkreis auf, und während die Miamis innerhalb und außerhalb der Lodge ihn beobachteten, fuhr er fort:

„Deine toten Freunde müssen jetzt zufrieden sein. Wir haben ihnen unsere Ehrerbietung erwiesen. Sie werden nur darum bitten, dass wir sie in Frieden liegen lassen; dass wir unsere Tränen abwischen und uns um die geliebten Menschen kümmern, die an ihre Stelle treten. Aber ich möchte mehr als das tun.

Ouabicolcata getrauert haben , Ihren großen Häuptling, der tot ist. Betrachten Sie ihn nicht länger als tot. Sein Geist und seine Seele sind in meinem Körper wieder zum Leben erwacht. Ich werde seinen Namen unter euch erheben. Ich bin ein weiterer Ouabicolcata und werde mich genauso gut um seine Familie kümmern wie zu Lebzeiten. Ich bin nicht mehr Okimao

, wie du mich immer genannt hast. Von nun an heiße ich Ouabicolcata . Ihr Chef lebt wieder im Körper eines Franzosen, der Ihnen alles geben kann, was Sie brauchen."

Selten unterbrechen Indianer im Rat einen Redner, aber als der weiße Anführer versprach, den Namen und das Leben ihres toten Häuptlings auf sich zu nehmen, brach die ganze Versammlung in Jubel- und Lobschreie aus. Wenn ein Sohn aus einer indischen Familie verloren ging, adoptierten die trauernden Eltern an seiner Stelle oft einen Gefangenen aus einer anderen Nation. Nun schien es nicht verwunderlich, dass sie anstelle ihres beklagten Häuptlings diesen weißen Häuptling in ihr Herz und in ihr Zuhause aufnahmen und ihn mit dem alten Namen Ouabicolcata nannten und ihn liebten, wie sie den Mann liebten, der tot war.

Die Männer von La Salle brachten nun drei riesige Kessel. „In diesen", sagte der weiße Häuptling, „werden Sie ein großes Fest für die zum Leben erweckten Toten veranstalten." Dann überreichte er seinen neu gefundenen Verwandten Hemden und Umhänge, eine Schachtel mit Messern und Beilen und viele andere wunderbare Dinge mit den Worten: „Seht, wie ich meinem Volk die Dinge geben werde, die es braucht."

„Und jetzt, meine Brüder", sagte La Salle, „kommen wir zu einer Angelegenheit von großer Tragweite" – und er überreichte den Miamis sechs Waffen. „Auf der anderen Seite des Meeres gibt es einen großen Meister. Er ist überall berühmt. Er liebt den Frieden. Er ist stark, uns zu helfen, aber er möchte, dass wir auf seine Worte hören. Er wird der König von Frankreich genannt, der größte Häuptling aller Herrscher am anderen Ufer. Er ist bestrebt, dass Frieden über alle Menschen kommt und dass niemand Krieg führt, ohne die Erlaubnis seines Dieners Onontio , des Gouverneurs von Quebec, einzuholen. Seien Sie deshalb in Frieden mit Ihren Nachbarn und vor allem mit den Illinois. Du hattest Streit mit ihnen. Aber wurden Sie für ihre Verluste nicht ausreichend gerächt? Sie wollen Frieden mit dir, sind aber dennoch stark genug, dir Schaden zuzufügen. Begnügen Sie sich mit dem Ruhm, wenn sie um Frieden bitten. Und ihr Interesse liegt bei Ihnen. Wenn sie vernichtet werden, werden die Irokesen Sie dann nicht leichter vernichten? Nehmen Sie also diese Waffen, aber verwenden Sie sie nicht zur Kriegsführung, sondern zur Jagd und zur Selbstverteidigung."

Dann wählte La Salle schließlich aus seinen Bündeln zwei Wampum-Halsketten aus – die Geschenke, die unter Indern am häufigsten vorkommen. Er wandte sich an die dreißig Neuengland-Indianer, die bei ihm waren, und sagte: „Das sind andere Miamis , die kommen, um die Plätze der Krieger mitzunehmen, die die Irokesen getötet haben." Ihre Körper sind die Körper von Indianern aus Neuengland, aber sie haben den Geist und das Herz der Miamis . Nimm sie als deine Brüder auf."

Der Rat löste sich in einem Tumult der Freude und der brüderlichen Gefühle auf. Den Toten wurden hohe Ehren erwiesen und den Lebenden prächtige Geschenke gemacht. Am nächsten Tag kamen die Miamis vor La Salle, um zu tanzen und Geschenke zu überreichen. Sie huldigten den guten Geistern des Himmels und der Sonne und dem Gott der Franzosen. Dann überreichte einer ihrer Häuptlinge, Ouabibichagan , ihrem neuen Bruder zehn Biberfelle und sagte:

„Noch nie, mein Bruder Ouabicolcata , haben wir ein so wunderbares Ereignis gesehen. Noch nie haben wir gesehen, wie ein toter Mann zum Leben erweckt wurde. Er muss ein großer Geist sein , der so das Leben zurückbringen kann. Er macht den Himmel schöner und die Sonne heller. Er hat dir das Leben geschenkt, Kleider, mit denen du uns bedecken kannst, die wir sonst nackt sind.

„Wir schämen uns, dass wir Ihnen nicht die gleichen Geschenke machen können. Aber du, Ouabicolcata , bist ein Bruder. Sie werden uns entschuldigen. Denn um eure Gebeine von den Irokesen zu erlösen, haben wir uns arm gemacht. Wir gaben ihnen dreitausend Biberfelle. Dieses kleine Geschenk von zehn Fellen ist nur ein Zeichen – es ist nur wie das Papier, das ihr Franzosen einander schenkt – es bedeutet nur, dass wir euch alle Biber im Fluss versprechen, wenn der nächste Frühling kommt."

Wieder gab er ihm zehn Biber und erzählte ihm von der Freude, die die Miamis empfinden würden, wenn sie mit ihrem wieder lebenden Bruder auf die Jagd gingen, und von dem Geist, der ihm seinen Atem zurückgab und über ihr Glück wacht. Mit einer dritten Gabe von Fellen sprach er mit folgenden Worten über den französischen König:

„Wir werden auf ihn hören; wir werden unsere Waffen beiseite legen; Wir werden unsere Pfeile zerbrechen und unsere Kriegskeulen am Boden der Erde verstecken. Die Illinois sind unsere Brüder, da sie unseren Vater anerkennen, und der französische König ist unser Vater, da er unseren Brüdern das Leben zurückgegeben hat." Er machte ein viertes und ein fünftes Geschenk aus Biberfellen und verband die Miamis mit Ouabicolcata und ihren neuen Brüdern aus Neuengland. Schließlich reichte er dem weißen Häuptling zum sechsten Mal zehn Biber und sagte:

„Zähle die Felle nicht, mein Bruder, denn wir haben keine mehr. Den Rest haben die Irokesen. Aber akzeptieren Sie vertrauensvoll unser Herz für das, was wir tun werden, wenn der Frühling wieder da ist."

Nach den Gaben begann das Tanzen wieder und auch das Schlemmen aus den neuen Kesseln. Und den ganzen Tag tanzten die drei Frauen von Ouabibichagan , Schwestern untereinander, und die Frauen von Michetonga , ebenfalls Schwestern, im Sonnenschein des Frühlings und in der Freude eines Volkes, das mit seinen Nachbarn versöhnt und glücklich in der angenehmen kindlichen Anmaßung eines Volkes war Der verlorene Bruder kehrt zurück, um wieder bei ihnen zu leben.

Während die Miamis tanzten, folgte eine Gruppe aus Illinois schnellen Spuren nach Westen zu den Ufern des Mississippi. Sie hatten mit dem großen weißen Häuptling gesprochen, der Fort Crèvecœur vor so langer Zeit verlassen hatte, in den guten alten Zeiten, als Chassagoac noch lebte und ihre Dörfer am Illinois River in der Sonne lächelten. Sie überbrachten den Peorias , den Kaskaskias und den Tamaroas und allen ihren Brüdern die Botschaft von La Salle, dass er immer noch entschlossen sei, seine Reise zur Mündung des Great River anzutreten, und dass er gekommen sei, um die Miami wieder zu vereinen und Illinois, um seine Männer als Schutz gegen die Irokesen einzusetzen und ihnen das wunderschöne Tal des Illinois zurückzuerobern.

KAPITEL XX

SELTSAME RITEN

Der Frühling nahte, und der Riese des Großen Tals, der in voller Länge dalag, begann sich unruhig zu bewegen. Zu lange hatte er weit oben im Land der Sioux mit dem Kopf im Schnee geschlafen. Seine ausgestreckten Arme, die zu beiden Seiten auf die Berge geworfen waren, begannen sich zu bewegen, und bis zu seinen Fingerspitzen, verschlungen in den Hügeln der Alleghanies und den rauen Hügeln der Rocky Mountains, erwachte neues Leben. Der Mississippi erwachte aus seinem Winterschlaf.

Im Land der Irokesen, am fernen Ontariosee, schmolz das Eis in kleinen Bächen, und Schneewasser lief von ihren Ufern herab und floss durch das gesamte Ohio Valley in den Great River. Drüben am Fuße des Lake of the Illinois, wo das Quellgebiet des Kankakee aus dem Land der ängstlichen Miamis entsprang , begannen Eisklumpen eine lange Reise den immer breiter werdenden Fluss hinunter in den Illinois, um dort sanft durch einen zu fließen Einsames Tal, vorbei am verminten Dorf der Kaskaskias , den leeren Peoria-Hütten und der verlassenen Festung, um den breiten Fluss im Land der glücklosen Tamaroas zu finden .

Sogar im kalten Sioux-Land regten sich die winzigen Quellen des Mississippi; und das Wasser wurde weniger kalt, als es aus dem Blickfeld der Sioux-Jäger verschwand und seinen Weg nach Süden nahm, vorbei an den weit vertriebenen Stämmen der Illinois – hier die Kaskaskias , weiter unten an den Peorias –, bis sie die Schlupfwinkel der Tamaroas und erreichten Hinzu kamen die Gewässer des Illinois.

Immer weiter nach Süden floss das Quellwasser. Wie ein Büffelbulle stürmte der gelbbraune Missouri aus den westlichen Ebenen hierher und stürzte Baumstämme und Bäume, die auf dem Weg aus dem weit unbekannten Westen an vielen und fremden Völkern vorbeigekommen waren. Aus diesen westlichen Ländern kamen auch die Arkansas, um ihre Last in den weiter unten gelegenen Fluss zu werfen.

Nun flossen all diese Wasser, in einem mächtigen Strom gesammelt, weiter an den seltsamen Stämmen des Südens vorbei – an den Taensas vorbei, die ihre heiligen Feuer beobachteten und ihre Tempel in acht Dörfern bewachten, die an einem halbmondförmigen See versammelt waren, und an den Natchez und den tückischen Coroas vorbei und Quinipissas – bis sich der Fluss schließlich unter der warmen Sonne des Südens aus dem Talgrund in das Salzwasser des Golfs von Mexiko ergoss.

So erwachte das Große Tal im Jahr 1682 aus seinem ruhigen Winter. Bald konnten die Indianerinnen im Norden den eifrigen Boden aufrühren und mit der Bepflanzung beginnen. Die tapferen Indianer konnten ihre Schneeschuhe in eine Ecke der Hütte werfen, ihre Winterkleidung aus Büffelleder ablegen und so frei, glücklich und unbelastet in die Sonne hinausgehen, wie Gott sie geschaffen hatte.

Das ganze Tal war ein Spielplatz für die Indianer. Seine Wälder und seine Bäche, seine Prärien und seine Hügel, seine Büffelherden, seine Hirsche, Bären und Wildvögel gehörten ihnen. Sie konnten ihre Hütten bauen und Wild jagen, wo sie wollten. Sie konnten mit den Stämmen im Norden und Süden sowie in den Flusstälern auf beiden Seiten Handel treiben; oder sie könnten mit ihnen kämpfen, wenn sie wollten. Es war ein Tal voller der besten Gaben der guten Geister – dieses Land der Indianer. Was wäre, wenn es oben an den Flüssen im Norden und Osten gelegentlich weiße Männer gäbe? Es waren nur wenige und sie brachten wundervolle Geschenke mit. Sicherlich war Platz für alle.

Unterhalb der Dörfer der Arkansas-Stämme, die Marquette und Joliet neun Jahre zuvor erreicht hatten, hatten die Indianer kein Kanu eines weißen Mannes gesehen. Es ist wahr, dass ihre alten Männer eine über viele Jahre hinweg überlieferte Geschichte von einem Spanier erzählten, der mit einer Armee, die verwüstete, plünderte und tötete, aus dem Osten in das Große Tal kam. Der Anführer verschwand, und seine Männer trieben den Fluss hinunter bis zu seiner Mündung und hinterließen für immer das Becken des Mississippi. Doch seit dem mysteriösen Verschwinden von De Soto und seinen grausamen Anhängern waren viele Generationen vergangen. Zwischen den Franzosen weit im Nordosten und den Spaniern im Südwesten erstreckte sich die gesamte Länge des Flusses und in seinem breiten und lächelnden Tal war Platz für die Häuser und Jagdgründe von hundert Stämmen.

Es war der Monat März in den Dörfern der Arkansas-Stämme, die Luft war weich und mild und die Pfirsichbäume blühten. Die Ufer des Flusses waren niedrig und überfluteten jetzt die Frühlingsfluten; und dicke Barrieren aus Zuckerrohr erhoben sich von den sumpfigen Ufern. Seit Marquette und Joliet Arkansas besuchten, hatten keine Weißen ihre Dörfer betreten; aber sie hatten von den Ereignissen im Norden erfahren. Als sie herausfanden, dass ein mächtiger weißer Häuptling am Illinois River eine Festung baute und den benachbarten Stämmen wunderbare Geschenke machte, schickten sie eine Delegation, um ihn einzuladen, in ihr Land zu kommen und dort zu leben.

La Salle hatte gesagt, dass er bald den Fluss hinunterkommen würde, und sie hatten die Rippen des großen Schiffes gesehen, das er baute. Darüber hinaus hatten die Arkansas Geschenke von ihm an ihre Nachbarn und Freunde mit nach Hause gebracht. Aber er war in diesen zwei langen Jahren nicht gekommen, und die Indianer waren mit ihren eigenen Sorgen beschäftigt – mit ihrer Jagd und der Pflege der Felder und mit einer ständigen Wachsamkeit, um einen Überraschungsangriff ihrer Feinde, der Chickasaws, zu verhindern.

An diesem besonderen Märztag lag dichter Nebel über dem Fluss. Im Frühling kam es häufig zu Nebeln, die nicht ungefährlich waren; denn unter dem Deckmantel dieser verhüllenden Nebel könnten die Chickasaws sich leichter unvorbereitet nähern. Aber heute Morgen gab es diejenigen, die zusahen, und sie brachten die Nachricht ins Oberdorf, dass eine Gruppe Männer in Kanus den Fluss hinunterkam. Das Dorf griff zu den Waffen. Die Frauen versammelten sich und eilten ins Landesinnere, ihre Papoos in Wiegen von ihren Schultern baumelnd. Die Männer, die Waffen in der Hand, begannen, ihre Kriegsschreie zu heulen und ihre Felltrommeln zu schlagen. Innerhalb einer Stunde verschwand der Nebel und sie sahen eine Gruppe Männer, die am Ufer gegenüber dem Dorf lagerten. Auf einer Landzunge, die in den Fluss hineinragte, stand ein Mann und rief ihnen zu.

Die Arkansas stießen einen ihrer Unterstande in den Bach und eilten den Besuchern entgegen. Als sie in Hörweite waren, rief der Mann am Ufer in der Sprache von Illinois, wer sie seien. Zufällig befand sich ein Illinois-Indianer im Unterstand und er antwortete, dass es sich um Arkansas handele. Einer der Krieger aus dem Dorf zog die Sehne seines Bogens zurück und ließ einen Pfeil fliegen. Dann saßen sie schweigend da und warteten. Auf diese Weise erkundigten sie sich, ob die Fremden Frieden oder Krieg suchten. Der Mann an Land versuchte nicht, das Feuer zu erwidern. Mit erleichtertem Herzen kamen sie näher , um mehr über die friedlichen Neuankömmlinge zu erfahren.

Es war ein weißer Mann, der sie traf. Sein Haar war schwarz und lang und seine rechte Hand steckte in einem Handschuh. Es war der Mann mit der Eisernen Hand, der sie im Namen seines Anführers La Salle begrüßte. Ohne Verzögerung schickten die Indianer eine Gesandtschaft, um mit La Salle das Calumet zu rauchen, und bald hießen die Arkansas in ihrem Dorf am Westufer des Flusses die gesamte Gruppe Fremder willkommen. La Salle war endlich angekommen, wie er es versprochen hatte, aber er war nicht in einem mächtigen Schiff gekommen, sondern in einer Flotte von Rindenkanus mit fast einem halben Hundert Mann.

Außer Tonty gab es in seiner Firma auch alte Freunde. Der beherzte junge Boisrondet und der graugekleidete Pater Membré waren da und vielleicht noch ein Dutzend anderer Franzosen. Es gab auch fast ebenso viele Neuengland-Indianer, die sich La Salle in Fort Miami angeschlossen hatten; und mit ihnen waren eine Handvoll indischer Frauen, die sich geweigert hatten, zurückgelassen zu werden, und drei kleine indische Kinder.

Die in diesem Dorf im oberen Arkansas lebenden Stämme waren als Kappas oder Quapaws bekannt ; und sie erwiesen sich als königliche Entertainer. Sie gaben den Fremden eine eigene Unterkunft, bauten Hütten für sie und brachten ihnen Proviant in großer Menge. Am Tag nach seiner Ankunft tanzten sie vor La Salle den Calumet-Tanz. Zuerst nahmen die Häuptlinge des Stammes ihre Plätze inmitten einer offenen Fläche ein, während Krieger ihnen zwei mit vielfarbigem Gefieder geschmückte Calumets brachten. Die Schalen der Calumets waren aus rotem Pfeifenstein und voller Tabak. Krieger, die am Tanz teilnahmen, hielten ausgehöhlte und mit Kieselsteinen gefüllte Kürbisse in der Hand; und zwei von ihnen hatten Trommeln aus Tontöpfen, die mit getrockneten Hautstücken bedeckt waren.

Eine Gruppe Indianer begann zu singen, tanzte und schüttelte gleichzeitig ihre Kürbisrasseln – alles im perfekten Rhythmus, wenn auch nicht unbedingt im gleichen Takt. Ein Indianer könnte im einen Takt singen, im anderen Takt tanzen und seinen Kürbis in einem langsameren oder schnelleren Rhythmus schütteln. Dennoch wäre der Rhythmus jeder Reihe von Bewegungen oder Geräuschen für sich genommen perfekt.

Als die erste Gruppe aufhörte, begann eine andere Gruppe mit dem Lied und dem Tanz. Zwei Männer schlugen auf die Felltrommeln, während die Häuptlinge ernst den Rauch aus den langstieligen Calumets zogen und ihn an La Salle und seine Männer weitergaben. Dann ergriffen die Krieger, die Ansehen erlangt hatten, einer nach dem anderen eine große Kriegskeule und führten damit Schläge auf einen starken Pfosten aus, der in die Erde gesteckt war. Mit seinen Schlägen erzählte jeder Tapfere von seinen Heldentaten und erzählte von den Skalen, die er erbeutet hatte, den Feinden, die er getötet hatte, und den Zeiten, in denen er als erster seiner Truppe den Feind angegriffen hatte.

Als sie diese Zeremonie beendet hatten, überreichten sie La Salle Büffelhäute als Geschenke. Dann schlugen auch die Männer von La Salle einer nach dem anderen den Pfosten ein, erzählten von ihren eigenen tapferen Taten und überreichten den Indianern Geschenke. Und währenddessen rauchten die Häuptlinge, Indianer und Franzosen, die Pfeifen, die sie an den Frieden banden.

Zweifellos schien diese Calumet-Zeremonie – mit Tanz und Gesang, dem Nacherzählen tapferer Taten und dem Überreichen von Geschenken – den Franzosen eine sehr merkwürdige Darbietung zu sein. Aber die Zeremonien der Weißen an diesem Tag müssen den Indianern ebenso merkwürdig vorgekommen sein.

La Salle bat die Häuptlinge um Erlaubnis, im Dorf ein Emblem des Gottes der Franzosen und des großen Königs von Frankreich aufzustellen. Dem stimmten die Indianer bereitwillig zu. Daraufhin wurde Tonty mit einigen

Männern losgeschickt, um Vorbereitungen zu treffen. Sie schnitten und glätteten eine riesige Holzsäule, und darauf zeichneten sie ein Kreuz, und über dem Kreuz schnitzten sie das Wappen Frankreichs mit diesen Worten:

„ LUDWIG DER GROßE, KÖNIG VON FRANKREICH UND NAVARRA,

REGIERT AN DIESEM DREIZEHNTEN MÄRZ 1682 .

Es bildete sich eine Prozession und die Säule wurde feierlich auf den freien Platz mitten in der Indianerstadt getragen. Hier teilte sich die Prozession in zwei Kolonnen, wobei La Salle an der Spitze der einen und Tonty die andere anführte. Alle Franzosen waren bewaffnet, während die Neuengland-Indianer mit ihren Frauen und Kindern standhaft ihren weißen Anführern folgten.

Pater Membré begann ein seltsames Lied zu singen; und dann nahm die ganze Prozession den Gesang auf und marschierte dreimal um den offenen Platz. Dreimal riefen sie laut „ Vive le Roi" und feuerten ihre Gewehre in die Luft. Dann steckten sie die Säule fest in den Boden, riefen erneut: „ Vive le Roi" und feuerten mit ihren Gewehren eine weitere Salve ab.

Als es wieder still wurde, begann La Salle eine feierliche Rede auf Französisch. Die ehrfürchtigen Indianer verstanden seine Worte nicht; Aber später wurde die Rede für sie übersetzt und sie wussten, dass der weiße Häuptling mit dem Zeichen des Kreuzes und dem Wappen des Königs das ganze weite Tal für seinen König jenseits der Meere beanspruchte. Was war den Indianern wichtig? Wenn die weißen Männer ihnen Geschenke bringen würden und wenn diese mysteriöse Säule sie vor Schaden und vor ihren Feinden schützen würde, wäre der ferne König mit seinem Anspruch willkommen.

Mit verwunderten Gesichtern versammelten sich die Indianer um die Säule, als die seltsame Zeremonie vorüber war. Sie legten ihre Hände auf das behauene Holz und rieben dann ihre nackten Körper – als wollten sie etwas von der Medizin im Schaft des weißen Mannes auf sich übertragen.

Zwei Tage später bestiegen die Fremden ihre Kanus und verließen das Dorf der Kappas ; und mit ihnen gingen zwei Führer aus Arkansas, um ihren Verbündeten, den Taensas, den Weg zu zeigen, die viele Meilen tiefer an einem See in der Nähe des Flusses lebten.

KAPITEL XXI

DAS UNTERE MISSISSIPPI

Mehrere Tage lang fuhren die Kanus von La Salles Gruppe an nassen Ufern und dicken Rohrbäumen vorbei. Der Otter und der Plattschwanzbiber waren nicht mehr zu sehen , denn sie waren von den Alligatoren, die jetzt den Fluss heimsuchten, vertrieben oder gefressen worden. Als die Kanus an diesen riesigen Monstern vorbeiglitten, die manchmal fast sechs Meter lang waren, saßen die Franzosen gemütlich in der Mitte ihrer Barken, aus Angst, dem Weg des Bibers zu folgen.

Schließlich zeigten die Führer von Arkansas eine kleine Bucht, in die ein kleiner Bach floss. Es war der Beginn des Weges ins Landesinnere zu den Taensas; und so landete die ganze Gruppe und schlug ihr Lager am Ufer der Bucht auf. La Salle bat Tonty, die beiden Führer, einen Franzosen und einen der Neuengland-Indianer, mitzunehmen und den Bach hinauf in Richtung der Dörfer zu gehen.

Die Männer paddelten mit ihrem Kanu so weit, wie das Wasser es erlaubte, packten es dann auf ihre Schultern und machten sich unter der Führung der Arkansas-Indianer auf den Weg durch das sumpfige Land. Schließlich erreichten sie einen See, der die Form eines Halbmondes hatte, und als sie ihn mit ihrem Kanu überquerten, stießen sie auf eine Indianerstadt. Die Männer im Kanu zogen ihre Paddel ein und traten ans Ufer des Sees. Tonty blickte erstaunt auf das Indianerdorf vor ihm, denn auf all seinen Streifzügen über den Kontinent hatte er noch nie Häuser wie diese gesehen. Anstelle von Hütten aus Rinde, Matten oder Häuten, die an einem Gerüst aus Stangen befestigt waren, gab es hier große Häuser mit dicken Wänden aus sonnengetrocknetem Lehm und kuppelförmigen Dächern aus Schilfrohr.

Für die Führer in Arkansas bot das Dorf jedoch keine seltsame Szene. Sie befanden sich in einem vertrauten Land; und als sie das Ufer erreichten , begannen sie ein seltsames Indianerlied. Zurück im Dorf wussten die Taensas, die sie hörten, dass sie Freunde waren, und kamen heraus, um sie zu begrüßen. Sie führten die Besucher zunächst zur Hütte des Häuptlings, einem vierzig Fuß langen Gebäude mit zwei Fuß dicken und zehn bis zwölf Fuß hohen Mauern und einem gewölbten Dach, das bis zu einer Höhe von etwa fünfzehn Fuß reichte.

Sie gingen durch die Tür und standen im Halbdunkel eines großen Raumes. In der Mitte des Raumes brannte eine Fackel aus getrockneten Stöcken. Sein Licht glänzte auf Schildern aus brüniertem Kupfer, die an jeder Wand hingen, und beleuchtete schwache, mit Bildern aller Art bemalte

Häute. Im flackernden Licht der Fackel hoben sich weißgewandete Gestalten aus der Dunkelheit des Raumes ab. Es waren alte Männer des Stammes, sechzig an der Zahl, und sie standen vor einer Nische, in der der Häuptling auf einem Sofa saß, neben ihm seine drei Frauen. Er war wie die alten Männer gekleidet, in ein weißes Gewand aus der Rinde des Maulbeerbaums; und erbsengroße Perlen hingen an seinen Ohren.

Es waren Mädchen und Frauen im Zimmer und hier und da ein Kind mit seiner Mutter; aber über alles herrschte in der Gruppe eine respektvolle Stille, eine würdevolle Ehrfurcht vor dem Häuptling, der auf der Couch saß und Tonty und seine Gefährten neugierig anstarrte. Die alten Männer, die mit den Händen auf dem Kopf dastanden, stießen gleichzeitig einen Schrei aus: „Ho-ho-ho-ho" und setzten sich dann auf Matten, die auf dem Boden ausgelegt waren. Den Besuchern wurden außerdem Matten zum Sitzen ausgehändigt.

Einer der Arkansas-Führer stand auf und begann, sich an den Häuptling zu wenden. Er erzählte ihm, dass die weißen Männer gekommen seien, um ein Bündnis mit ihm zu schließen, aber gerade jetzt dringend Nahrung brauchten. Dann schwang er ein Büffelfell von seinem eigenen Körper und überreichte es dem Häuptling. Auch Tonty erfreute ihn mit dem Geschenk eines Messers — denn die Messer und Beile der Taensas waren grobe Instrumente aus Feuerstein.

Der Häuptling befahl, den Männern, die drüben am Mississippi warteten, Essen zu schicken und ein Bankett für ihre Gäste vorzubereiten. Es war ein würdevolles Fest, bei dem Sklaven dem Häuptling dienten. Sie brachten ihm Schüsseln und Tassen, hergestellt aus Keramik mit der hohen Kunstfertigkeit, in der sich sein Volk auszeichnete. Niemand sonst benutzte sein Geschirr oder trank aus seiner Tasse.

Ein kleines, schwankendes Kind begann zwischen dem Häuptling und der brennenden Fackel über den Boden zu gehen. Mit einem kurzen Tadel packte ihn seine Mutter und ließ ihn um die Fackel herumgehen. Solchen Respekt zollten sie dem lebenden Häuptling; und wenn ein Häuptling starb, war es bei ihnen üblich, etwa zwanzig Männer und Frauen zu opfern, damit sie ihn in das Land jenseits des Grabes begleiten und ihm dort dienen konnten.

Als das Fest zu Ende war und die Besucher aus der Hütte des Häuptlings kamen, sahen sie auf der anderen Seite des Weges ein Gebäude, das in Form und Größe einigermaßen ähnlich war. Es war der heilige Tempel des Stammes. In die Lehmwände, die es umschlossen , waren Stacheln gesteckt, an denen die Schädel von Feinden hingen. Auf dem Dach befanden sich mit Blick auf die aufgehende Sonne, die die Taensas verehrten, die geschnitzten Figuren von drei Adlern. Im Inneren des Tempels wurden die Knochen verstorbener Häuptlinge aufbewahrt. In der Mitte des Raumes stand ein

Altar, auf dem das heilige Feuer brannte. Zwei alte Medizinmänner saßen daneben, ohne zu blinzeln und ernst, und bewachten es Tag und Nacht.

Der Chef war mit seinen Besuchern sehr zufrieden. Wenn der Mann, der Tonty in sein Dorf geschickt hatte, ein Indianer gewesen wäre, wäre es unter der Würde des Häuptlings gewesen, ihn aufzusuchen. Aber er schickte Tonty eine Nachricht an La Salle, dass er ihm einen Besuch abstatten würde, und machte sich am nächsten Tag auf den Weg. Er schickte einen Zeremonienmeister mit sechs Männern vor sich her, um den Weg vorzubereiten. Sie nahmen eine wunderschön gewebte Matte mit, auf der er sich ausruhen konnte, und fegten mit ihren Händen den Boden, über den er gehen würde. Als er in seinem Einbaum den kleinen Bach hinunterfuhr, schlugen seine Anhänger auf Trommeln und seine Frauen und die anderen Frauen in der Gruppe sangen Loblieder. Er landete und näherte sich dem Lager von La Salle, gekleidet in sein weißes Gewand und voran von zwei Männern, die weiße Federfächer trugen, und einem dritten, der zwei Schilde aus glänzendem Messing trug. Die beiden Häuptlinge trafen sich und tauschten Geschenke aus; und nach einem ruhigen Anruf kehrte der würdige Taensas-Häuptling in sein Dorf am See zurück.

Als die Männer von La Salle ihre Kanus, gut beladen mit Proviant der Taensas, vom Ufer der Bucht hinaustrieben, ließen sie ihre Führer aus Arkansas und vier der Neuengland-Indianer zurück, die sich vor den Gefahren unter ihnen fürchteten. Aber es gab jetzt zwei neue Mitglieder der Gruppe, denn die Taensas hatten Tonty und seinem Mohegan-Gefährten zwei Sklavenjungen gegeben, die von den Coroas weiter südlich gefangen genommen worden waren.

Sie waren noch nicht weit gekommen, als sie auf dem Fluss ein einzelnes Kanu bemerkten, das von mehreren Leuten verfolgt wurde. Das Kanu von Tonty, das die anderen überholte, hatte fast die seltsame Rinde erreicht, als sie eine Gruppe von vielleicht hundert mit Pfeil und Bogen bewaffneten Indianern am Ufer sahen, bereit, ihren Kameraden im Kanu zu verteidigen. Nach Rücksprache mit La Salle bot Tonty an, der Bande der Wilden eine Friedenspfeife zu bringen. Er ging zum Ufer, überreichte den Indianern das Calumet zum Räuchern und schenkte einem der alten Männer, der ein Häuptling zu sein schien, ein Messer. Die Indianer gehörten zum Volk der Natchez und zeigten ihren Wunsch nach Frieden, indem sie sich die Hände reichten. Dies stellte Tonty vor einige Schwierigkeiten, aber er forderte seine Männer auf, sich an seiner Stelle die Hände zu reichen, und der Friedensvertrag wurde geschlossen. Bald kam der Rest der Gruppe an Land, und La Salle machte mit einigen seiner Männer einen Besuch im Dorf, das drei Meilen vom Fluss entfernt lag.

Die Natchez waren ein mächtiges Volk, das mit den Taensas verwandt war, und wie diese verehrten sie die Sonne und unterhielten einen heiligen Tempel. La Salle verbrachte die Nacht in ihrem Dorf; und während er schlief, eilte ein schneller Läufer durch die Dunkelheit zum Dorf der Coroas , um den Häuptling zu bitten, ihren Gast zu besuchen. Der Häuptling der Coroas machte sich sofort auf den Weg und reiste die ganze Nacht, um das Dorf Natchez zu erreichen und La Salle seinen Respekt zu erweisen. Mehrere Tage lang besuchte der weiße Anführer die Natchez, und als er zu Tonty am Ufer des Flusses zurückkehrte, begleitete ihn der Coroa- Häuptling. Er begleitete die Weißen flussabwärts in sein eigenes Dorf, sechs Meilen tiefer, wo sein Stamm die Fremden freundlich empfing. Hier nutzte Tontys kleiner Coroa-Sklave die Gelegenheit, zu seinem Volk zu fliehen. Aber der Junge, der dem Mohegan übergeben worden war, hatte nicht so viel Glück und blieb bei der Gruppe der Entdecker.

Bisher war die Reise von La Salle von Frieden begleitet; aber es sollte nicht immer so sein. Ohne anzuhalten passierten sie das Dorf der Humas und das hohe Ufer, wo ein roter Pfahl oder *Baton Rouge* die Grenze zwischen dem Gebiet der Humas und den Stämmen im Süden markierte. Als sie sich dem Dorf der Quinipissas näherten , hörten sie Trommeln und Kriegsgeschrei, und eine von La Salle zur Aufklärung ausgesandte Gruppe wurde mit einer Pfeilsalve empfangen. La Salle beschloss, nicht aufzuhören; Er nahm seine Männer auf und ging flussabwärts.

Endlich, Anfang April des Jahres 1682, erreichte die Gruppe die lang ersehnte Flussmündung; und La Salle nahm am 9. des Monats voller Freude im Namen des Königs von Frankreich alle Länder in Besitz, die von den Flüssen bewässert wurden, die in das Becken des Mississippi mündeten. Kein weißer Mann vor ihnen war von Kanada in den Golf gereist. Als sie sahen, wie sich das Kreuz im sumpfigen Land am Meer erhob und die Arme ihres Königs in den südlichen Himmel reckten, schlugen die Herzen von La Salle und Tonty, von Pater Membré und jedem Franzosen dort vor Stolz.

Und die düsteren Neuengland-Indianer – ihrem Anführer ergeben und weit umherirrend in einem Tal, das ihnen nichts bedeutete – freuten sich ebenfalls, wie jeder Indianer sich freut und stolz auf das Ende einer langen Reise ist, sei es aus Rache, wegen Wild, oder für Abenteuer. Der junge Coroa-Junge, der in ihrer Mitte stand und der einzige Vertreter des Volkes des Mississippi war, war zu jung und sein Volk und seine Rasse waren zu jung, um zu verstehen, was in ihrem Tal geschehen war.

Die Reisenden richteten nun den Bug ihrer Kanus nach Norden und begannen mit dem langsamen Aufstieg auf dem Fluss. Ihre Vorräte waren so fast aufgebraucht, dass La Salle trotz ihrer früheren Feindseligkeit beschloss, im Dorf Quinipissa Halt zu machen, um etwas zu essen zu holen. Als er vier

Frauen des Stammes traf, schickte er eine von ihnen mit Geschenken und einer Friedensbotschaft zu ihrem Volk nach Hause. Die anderen drei hielt er als Geiseln und wartete gegenüber dem Dorf auf der anderen Seite des Baches. Bald darauf kam Quinipissas , der ihn einlud, auf ihre Seite zu treten. La Salle tat dies und schlug sein Lager nicht weit vom Dorf entfernt auf. Die Indianer brachten ihm Essen und er ließ die drei Frauen frei, bewachte sie aber weiterhin sorgfältig.

In dieser Nacht wurden die Wachen mit ungewöhnlicher Sorgfalt aufgestellt. Crevel , einer der Franzosen, war der letzte, der Wache hielt. Es war jetzt nur noch eine halbe Stunde vor Tagesanbruch. Schon begannen schwache Lichter zu leuchten, als er ein Geräusch in den Stöcken hörte. Er sprach mit einem Kameraden, der sagte, es seien nur ein paar Hunde. Aber Tonty hatte ihre Worte gehört und rief ihnen zu, auf der Hut zu sein, und La Salle, in dessen Augen kaum Schlaf zu sehen war, sprang mit dem Ruf „Zu den Waffen" auf. Im Nu war das Lager für einen Angriff bereit.

von allen Seiten die Kriegsschreie der Quinipissas . Waffen blitzten und Pfeile flogen im sich ausbreitenden Licht. Als die Sonne aufging und die Quinipissas ihre getöteten Krieger erblickten, drehten sie sich um und flohen, gefolgt von den Weißen, bis sie von La Salle zurückgerufen wurden. Die Neuengland-Indianer kehrten aufgeregt ins Lager zurück und schwenkten Skalps, die sie dem Feind abgenommen hatten.

Später am Morgen ging La Salle mit der Hälfte seiner Männer an den Rand des Dorfes und zerstörte die Pirogen der Indianer vor ihren Augen. Dann, ohne dass jemand verletzt wurde, machte sich die Entdeckergruppe in ihren Kanus flussaufwärts auf den Weg. Als sie wieder im Land der Coroas ankamen , wurden sie im Dorf willkommen geheißen, aber es lag ein seltsames neues Gefühl in der Luft. Die Franzosen sahen Quinipissas unter ihnen und erfuhren, dass sie Verbündete waren. Der junge Coroa-Gefangene hatte seinem Volk bald die Geschichte der Schlacht erzählt. Als sich die Reisenden zum Essen hinsetzten, waren sie von mehr als tausend Kriegern umgeben. Sie aßen mit ihren Waffen in unmittelbarer Nähe, denn niemand wusste, wann ein Massaker stattfinden würde. Die Indianer ließen sich jedoch beraten und erlaubten ihren Besuchern schließlich, in Frieden den Mississippi hinaufzufahren.

Als sie das Dorf der Taensas erreichten, war der Häuptling in seinem weißen Umhang so würdevoll und freundlich wie immer und freute sich sehr über die Skalps, die ihm die Mohegans zeigten. Wieder passierten sie die Dörfer der Arkansas. Und nun erkrankte La Salle so schwer, dass er aus Angst, er könne Kanada nicht erreichen, Tonty vorausschickte, um die gute Nachricht von der Reise zu den französischen Siedlungen zu überbringen. Tonty eilte mit vier Männern nach Norden. Er hatte den Ohio passiert und näherte sich dem Illinois Valley, als eines Tages dreißig Illinois-Krieger mit gezogenen Bögen aus dem Wald stürmten und die Gruppe für Irokesen hielten. Doch gerade noch rechtzeitig erkannte ein Krieger Tonty und rief: „Das ist mein Kamerad!" Sie sind Franzosen!" Nach einem kurzen Halt im Dorf Tamaroa fuhr Tonty weiter zu den weißen Siedlungen.

Als La Salle, der sich langsam von seiner Krankheit erholte, zu Tonty nach Mackinac kam, hatten die Weißen über die Seen erfahren, dass das Kreuz und die Wappen Frankreichs an der Mündung des Mississippi gehisst worden waren. Und die Illinois-Stämme im oberen Tal, die immer noch Angst davor hatten, in ihre verlassenen Häuser zurückzukehren, fassten Mut, als sie von der sicheren Rückkehr von La Salle und dem Mann mit der Eisernen Hand von ihrer langen Reise ans Meer hörten. Denn sie hatten La Salles Versprechen nicht vergessen, eine Festung zu errichten, um sie vor den Irokesen zu schützen und ihnen die sichere Rückkehr in das verlorene Tal zu ermöglichen.

KAPITEL XXII

DIE VERSAMMLUNG DER STÄMME

Am Südufer des Flusses Illinois, eine Meile oder mehr über der Ebene, in der das verlassene Dorf der Kaskaskias lag , ragte ein großer Fels steil aus dem Wasser auf eine Höhe von über dreißig Metern. Drei Seiten des Felsens glichen den Mauern einer mittelalterlichen Burg. Auf der vierten Seite konnte man über einen schroffen Pfad mühsam von hinten auf die ebene Spitze klettern, wo Eichen und Zedern wuchsen.

Im Januar 1683 war dieser Felsen Schauplatz geschäftiger Aktivitäten. Auf dem knappen Hektar Land auf seinem Gipfel hatten Franzosen Bäume gefällt, bauten Hütten, Lagerhäuser und Palisadenmauern und errichteten rund um das Gebiet eine Festung. Den steilen Pfad hinauf schleppten andere Franzosen und tapfere Indianer Holz, um beim Bau von Festungen und Wohnhäusern zu helfen. Unter den Männern bewegte sich hier und da die dominierende Figur von La Salle; und dort drüben waren der eiserne Tonty und sein Freund Boisrondet . Viele der Franzosen waren im Jahr zuvor mit La Salle auf seiner Reise an den Golf gewesen; und die geschäftigen Indianer waren seine treue Truppe aus Mohegans und Abenakis.

La Salle hatte Mackinac nach seiner beschwerlichen Reise ans Meer erreicht, mit wenig Kraft übrig, aber mit vielen Plänen für die Zukunft. Er hatte den Fluss bis zur Mündung erkundet. Nun blieb es ihm überlassen, das Große Tal zu nutzen. Seine Feinde, die reichen Kaufleute aus Quebec und Montreal, waren in ihrem Widerstand gegen ihn so erbittert, dass er wusste, dass es schwierig sein würde, seine Pläne von Kanada als Stützpunkt aus umzusetzen. Und so beschloss er, so schnell wie möglich das Tal des Sankt-Lorenz-Stroms zu verlassen und seine Vorräte und Männer auf dem Seeweg von Frankreich zur Mündung des Mississippi zu bringen und von dort flussaufwärts zu den Handelsposten, die er dort finden würde die Stämme entlang seiner Ufer.

Dies war die Vision, die sich Tag und Nacht vor La Salle erhob – eine Vision des langen Flusstals, das durch eine Kette von Festungen und Depots für den Pelzhandel zusammengehalten wird, von freundlichen Indianern, die mit ihren Kanus voller Pelze zum Tausch mit den Franzosen kamen Waren, von französischen Siedlungen, die in der Wildnis entstanden, von einem großen Posten an der Flussmündung und von schnell segelnden Schiffen, die zwischen dem Golf und dem fernen Frankreich verkehrten.

Doch um diese Vision in die Realität umzusetzen, muss La Salle zunächst das Illinois-Tal neu bevölkern und die Indianerstämme dieser Region vereinen, um die Banden der Irokesen abzuwehren, die erneut drohten, in das Tal des Großen Flusses einzudringen. Deshalb schickte er Tonty im Herbst 1682 von Mackinac aus, um eine Festung zu errichten, um die sie eine Kolonie der weit verstreuten Stämme sammeln konnten. Nicht lange danach hörte La Salle neue Gerüchte über eine Invasion der Irokesen und schickte Pater Membré nach Kanada und Frankreich, um über die Erkundung des Mississippi zu berichten, und schloss sich dann Tonty am Illinois River an.

Reisen den Illinois hinauf und hinunter hatten La Salle und Tonty oft den hohen Felsen bemerkt, der sich in der Nähe des Dorfes Kaskaskia aus dem Flussufer erhob. Welch ein Sammelpunkt wäre dies für die verstreuten Menschen! La Salle begnügte sich damit, hier seine Wildnisfestung zu errichten; Und ohne darauf zu warten, dass der Winter seinen eisigen Griff um das Land lockerte, machte er sich mit seinen rothäutigen und weißen Männern an die Arbeit.

Sie bauten viele Wochen lang die Zitadelle auf dem Felsen; und als es gegen Frühling fertig war, blickten La Salle und Tonty mit einem Gefühl großer Sicherheit auf den Kreisverkehr. Im Fluss unter ihnen befand sich eine kleine Insel, und hier bereiteten sie sich darauf vor, ihre Feldfrüchte anzupflanzen. Es befand sich in Schussweite der Festung, von der aus ein starkes Feuer verhindern konnte, dass ein Feind landete und die Männer bei der Arbeit auf den Feldern angriff. Vier schwere Holzstücke wurden so platziert, dass sie über den Rand des Felsens hinausragten, und von diesen konnte im Bedarfsfall Wasser aus der klaren Strömung des Illinois River direkt nach oben gepumpt werden.

Nachdem die Festung fertiggestellt war, blieb die Versammlung der Stämme bestehen. An einem Tag im März 1683 kletterte Tonty den schroffen Pfad hinunter und machte sich auf den Weg durch die Prärie, um die Indianerstämme zu besuchen. Fast hundert Meilen zog er von Dorf zu Dorf zurück. In den Hütten der Shawnees erzählte er von der Rückkehr La Salles ins Illinois Valley und erinnerte sie an ihr Versprechen, zu ihm zu kommen und sich ihm anzuschließen.

Er besuchte die Miamis und sprach von den Irokesen, die so viele ihrer Tapferen getötet hatten. Schon jetzt kursierten Gerüchte über eine weitere Invasion. Aber wenn die Miamis in die Kolonie der Franzosen vordringen würden, brauchen sie keine Angst zu haben, denn Ouabicolcata war erneut in das Tal des Illinois gekommen und hatte am Ufer des Flusses eine starke Festung errichtet, um seine Brüder, die Miamis , zu beschützen .

Es waren viele Meilen in Richtung der untergehenden Sonne, die Tonty zurücklegte, bevor er die Stämme von Illinois traf. Doch eines Tages betrat er das Lager seiner alten Gefährten und setzte sich auf deren Matten. Mit großer Freude empfingen sie ihn, gaben ihm das Friedenskalumet in die linke

Hand und feierten ihn, wie sie es drei Jahre zuvor in ihrer alten Heimat getan hatten.

Sie fragten sich vielleicht, ob das Eis jetzt im Fluss neben dem verlassenen Dorf aufbrach und ob der Schnee schmolz, um die Weißeichen am gegenüberliegenden Ufer zu ernähren. Sie sahen den ganzen Fluss wieder, als sie den Worten des Mannes mit der eisernen Hand lauschten. Sie kannten jede Kurve ihres Verlaufs. Und welcher Inder könnte diesen großen Felshaufen auf der Südseite des Flusses vergessen, eine halbe Meile über seiner Altstadt? Jeder Spalt und jede Naht in seinen verwitterten Seiten kam ihnen wieder in den Sinn. Sie sahen in ihren Gedanken die Schlucht auf der Ostseite, wo ein kleiner Bach zum Fluss hinabfloss. Sie sahen wieder den schroffen Pfad, der zum Gipfel führte; und sie versuchten sich vorzustellen, wie Franzosen die Höhen erklommen, wo jetzt die Festung La Salle stand. Es sei eine Festung, um sie vor den Irokesen zu schützen, sagte Tonty, wenn sie nur zurückkämen und sich an ihren alten Orten niederlassen würden. Es war auch nicht schwer, sie zu überzeugen. La Salle sei ihr Vater, sagten sie. Erst vor einem Jahr hatte er sie besucht, ihnen von seinen Plänen erzählt und sie aufgefordert, den Miamis zu verzeihen und sich ihnen im Kampf gegen den gemeinsamen Feind anzuschließen.

Ihre Angst vor den Irokesen rief sie; ihre Liebe zu ihrem Vater La Salle und ihrem Bruder Tonty und zu den Geschenken, die diese Männer mitbrachten, rief sie hervor; und vielleicht, nicht zuletzt, das alte Dorf, in dem sie ihre Indianerfrauen umworben und geheiratet hatten, wo sie Skalps und Gefangene nach Hause gebracht hatten, wo sie ihre Freunde bewirtet und ihre Toten begraben hatten – ihr Zuhause von früher – nannte sie. Ja, sie würden zum Fluss Illinois zurückkehren und an der Stelle ihrer alten Stadt in der Kolonie ihres Vaters La Salle neue Hüttenmasten errichten.

Also kehrte Tonty von seinem Rundgang durch die Stämme zurück und kletterte auf den Felsen nach Fort St. Louis, um La Salle das Kommen der Indianer zu melden. Bald begannen sich die Stämme zu versammeln. Die Shawnees kamen mit einigen kleineren Stämmen aus dem Süden und ließen sich direkt hinter dem Felsen nieder. Es dauerte auch nicht viele Wochen, bis die Illinois, die durch das Tal zurückzogen, das sie aufgegeben hatten, in einer großen jubelnden Armee mit ihren Frauen und ihren Papoosen an das Nordufer des Flusses kamen. Starkarmige indische Frauen stellten die Stangen für neue Hütten auf und legten frische Matten auf das Gerüst. Sie brachten Holz, das sie in der Mitte jeder langen Hütte stapelten; und bald stieg aus Löchern in hundert Dächern der Rauch der Brände von Illinois auf. Sie rührten den Boden auf den vernachlässigten Feldern auf und pflanzten neue Feldfrüchte an. So gut sie konnten, sanierten sie die entweihten Gräber ihrer Toten und nahmen das Leben wieder auf, das sie zur Zeit der Irokesen-Invasion aufgegeben hatten.

Doch diesen Illinois erging es nicht ganz so, denn der Schrecken einer überwältigenden Katastrophe lastete immer noch auf ihnen und die Angst schwelte tief in jedem Herzen. Als sie flussaufwärts blickten, wo Fort St. Louis wie ein Wächter auf seinem hohen Felsen Wache hielt, fassten sie Mut; aber als sie sich abwandten und die Szenen betrachteten, die sie gerade aus der Trostlosigkeit der Irokesen erlöst hatten, verließen sie manchmal das Herz.

Familien aller Stämme der Illinois-Konföderation versammelten sich nun im Dorf, bereit, sich für eine gemeinsame Sache mit den Shawnees und anderen Nationen aus dem Süden zusammenzutun, und begierig darauf, sich noch einmal mit den wankelmütigen Miamis zu verbünden , die immer noch an ihrer Seite waren Dörfer im Osten.

Nur die Rückkehr von La Salle in das Land Illinois hatte die Miamis davon abgehalten, ihre Dörfer am Fuße des Sees zu verlassen und an den Mississippi zu fliehen; und selbst jetzt, da Fort St. Louis gebaut und besetzt war und die Illinois und Shawnees sich in der Nähe versammelt hatten, wurden sie durch die Nachricht vom St. Lawrence River in Panik versetzt, dass die Irokesen auf dem Weg in das Tal des Illinois seien .

Nachdem die Franzosen und Indianer in La Salles Kolonie von dem Alarm in Miami erfahren hatten, machte sich La Salle bereit, sofort in ihre Dörfer zu gehen, um sie zu beruhigen. Die Illinois sahen jedoch mit Furcht seinem Weggang entgegen und versuchten, ihn davon abzubringen. Vielleicht erinnerten sie sich zu lebhaft an die Katastrophen, die auf seinen Weggang vor drei Jahren folgten. Auch damals hatten sie böse Gerüchte gehört. Die Franzosen in Green Bay hatten ihren Händlern gesagt, dass er sie den Irokesen überlassen würde, wenn sich die Illinois in der Nähe von La Salle niederließen. Die Indianer erzählten diese Geschichten offen, und La Salle erzählte ihnen geduldig von seinen Feinden in Green Bay, die ihm Böses wünschten – vielleicht weil sie eifersüchtig auf seinen Biberhandel waren – und er versprach ihnen das, obwohl es für ihn wichtig war, zu gehen Auf dem Weg von den Dörfern Miamis nach Kanada würde er sofort zurückkommen, wenn die Irokesen näherkommen sollten.

Teilweise beruhigt ließen sie ihn gehen. Sie wussten nicht, welche schweren Lasten auf La Salle lasteten, als er sich auf den Weg nach Osten machte. In der für Tonty verantwortlichen Festung hatte er nur zwanzig Franzosen mit kaum hundert Schuss Pulver und Kugeln zurückgelassen. Immer wieder hatte er Männer in die kanadischen Siedlungen geschickt, um Vorräte und Munition sowie französische Freiwillige für seine Garnison zurückzubringen. Aber sie waren nicht zurückgekommen; und La Salle vermutete zu Recht, dass der neue Gouverneur La Barre, der in Quebec die Nachfolge von Frontenac angetreten hatte, mit seinen Feinden verbündet war und bereit war, seine Kolonie zu zerstören, indem er seine Männer daran hinderte, mit Vorräten und Verstärkung zurückzukehren. Seine einzige Hoffnung bestand darin, persönlich nach Kanada zu gehen, um Hilfe zu erhalten; und das hatte er vor, nachdem er die Miamis gesehen hatte .

Als er feststellte, dass die Miamis voller Angst und flugbereit waren, rief er sofort die Häuptlinge und Ältesten zu einem Rat zusammen. Wenn die Miamis , anstatt zum Mississippi zu fliehen, hinüberziehen und sich seiner Kolonie im Fort anschließen würden, würden sie alle gemeinsam ihre Schlachten schlagen. Er war jetzt auf dem Weg nach Osten, um Verstärkung zu holen; aber wenn er von der nahen Annäherung der Irokesen hören sollte, würde er sich ihnen sofort in Fort St. Louis anschließen. Die Miamis hörten La Salle aufmerksam zu. War er nicht ihr Bruder Ouabicolcata , der von den Toten auferstanden war, um sie zu beschützen? Am nächsten Tag begannen sie, in drei großen Armeen in Richtung Fort St. Louis vorzurücken, während La Salle weiter in Richtung des Sees weiterzog.

Vom Camp in Miami aus machte sich eines Tages ein Jäger in Begleitung seines Hundes auf den Weg. Als er einem Rehbock folgte, wich er von seiner Bande ab und wurde plötzlich von vier Irokesen angegriffen und tödlich verwundet. Als der Hund sah, wie sein Herrchen abgeschossen wurde, begann er aus vollem Halse zu bellen. Die Irokesen ergriffen erschrocken die Flucht. Sofort waren die Miamis ihnen auf der Spur. Sie folgten ihren Spuren, bis sie zu einem Pfad kamen, der so breit ausgetreten war, dass er auf eine große Armee des Feindes hindeutete. Als die Miamis merkten, dass ihre Truppen zahlenmäßig knapp waren, kehrten sie um und beeilten sich, ihre drei Armeen zu einer zusammenzufassen, bevor sie ihre Reise fortsetzten.

Der Alarm hatte inzwischen die Kolonie rund um die Festung erreicht, und Kriegstrupps aus Illinois verließen ihr Dorf, um sich dem entgegenkommenden Feind zu stellen. Bald trafen sie auf eine Gruppe von vierzig Irokesen und nahmen einen von ihnen gefangen. Voller Freude brachten sie ihn ins Lager. Vielleicht gehörte er zu der verhassten Bande , die ihr Dorf geplündert hatte. Jetzt waren sie an der Reihe, sich zu rächen. Sie übergaben den Gefangenen Tonty zur Hinrichtung. Aber Tonty antwortete, dass es nicht die Sitte seines Volkes sei, seine Kriegsgefangenen zu töten. Dann boten sie ihn ihren Verbündeten, den Shawnees, an, die ihn mit grausamen Zeremonien verbrannten.

Die Illinois hatten einen Sieg über die Invasoren errungen, der ihnen jedoch keine Sicherheit brachte. Sie wünschten sich die Rückkehr von La Salle; und Tonty schickte zwei Läufer in Höchstgeschwindigkeit los, um seinem Häuptling zu sagen, dass die Stämme wahrscheinlich in den Fernen Westen verschwinden und außer Reichweite der Irokesen verschwinden würden, wenn er nicht sofort zurückkäme.

Es dauerte nicht lange, bis die Armee der Miamis eintraf. Eine Meile oberhalb der Festung, auf der Nordseite des Flusses, befand sich ein langer Felsvorsprung, und hier ließen sie sich nieder und errichteten ihre Hütten. La Salle hielt sein Versprechen und kehrte bald in die Kolonie zurück, sehr zur Freude sowohl der Indianer als auch der Weißen. Von seiner hohen Festung auf dem Felsen aus blickte er nun auf Indianerdörfer mit ihren Tausenden von Indianern, die sich wie die Armee eines mittelalterlichen Barons versammelt hatten, und freute sich über den Gedanken, dass ein großer Schritt auf dem Weg zur Verwirklichung seines Traums gemacht worden war Tolles Tal.

KAPITEL XXIII

FORT ST. LOUIS

Der Sommer, der auf die Rückkehr von La Salle nach Fort St. Louis folgte, war ein ängstlicher Sommer für die Kolonie. Irokesen waren immer noch im Tal, und die Indianer rund um die Festung waren voller Besorgnis, die manchmal fast in Panik mündete. Dennoch hielten sie an ihrem Glauben an ihre französischen Beschützer fest; und die Eindringlingsbanden, die die Rache einer so starken Vereinigung ihrer Feinde nicht erleben wollten, belästigten in diesem Sommer die Gruppe der Dörfer nicht.

Doch das monatelange Warten brachte weder Hilfe noch Verstärkung für die Festung auf dem hohen Felsen und machte jeden Tag deutlicher , dass La Salles Feinde in Kanada an der Macht waren. Stärker als je zuvor wuchs in ihm der Entschluss, persönlich nach Frankreich zu gehen und eine Expedition auszurüsten, die auf dem Seeweg bis zur Mündung des Mississippi und von dort mit Männern und Vorräten zum Fort am Illinois gelangen konnte. Schließlich konnte er nicht länger warten; und so verließ er Ende August in Begleitung zweier Shawnee-Indianer unter der Leitung von Tonty das Fort und begann seine lange Reise.

La Salle war auf seinem Weg noch nicht weit gekommen, als er auf eine Flotte von Kanus traf, die mit Franzosen und Vorräten beladen waren. Wenn in seinem Kopf auch nur ein Funke Hoffnung aufkam, dass es sich um seine eigenen Männer handelte, die endlich mit Verstärkung zurückkehrten, erstarb diese bald, denn der Anführer der Gruppe, der Chevalier de Baugis , brachte einen Auftrag als Kommandeur von Fort St. mit. Louis anstelle von La Salle, dem er einen Befehl des neuen Gouverneurs von Kanada überreichte, der ihm befahl, sofort nach Quebec zu reisen. Es blieb nichts anderes übrig, als sich zu unterwerfen. Bevor er seine Reise fortsetzte, schickte La Salle einen Brief an Tonty, in dem er ihn aufforderte, in Würde aufzugeben, aber in der Festung zu bleiben, um sich um ihre Privatbesitztümer zu kümmern.

Als der Chevalier de Baugis am Felsen ankam, übergab Tonty das Kommando über die Festung; und die Garnison, nun verstärkt, aber voller Unruhe, begann, sich auf die Wintersaison vorzubereiten. Es herrschte in der Festung keine Zeit der Harmonie, da der neue Offizier kaum über die Fähigkeit verfügte, einen Posten im Westen zu leiten, und einen Großteil seiner Zeit damit verbrachte, die Anhänger von La Salle zu verärgern. Trotz der Anweisung seines Anführers, mit seinem Nachfolger in Frieden zu leben, war Tonty nicht in der Lage, solche Leistungen zu ertragen, und in diesem Winter kam es zu vielen und erbitterten Auseinandersetzungen zwischen den beiden Männern.

Doch mit dem Frühling kam ein Ereignis, das die Männer in der Festung zumindest vorerst dazu veranlasste, ihre Streitereien beizulegen und Seite an Seite zu arbeiten. Irokesenbanden , so schien es, hielten sich immer noch im westlichen Land auf, insbesondere rund um das Quellgebiet des Kankakee und in Richtung Mississippi. Sie hatten nicht den Mut gehabt, die von La Salle gegründete Kolonie anzugreifen; aber sie fanden andere Beute.

Eine Gruppe von vierzehn Franzosen machte sich im März 1684 in Kanus auf den Weg in Richtung Illinois. Der neue Gouverneur, La Barre selbst, hatte sie zum Handel in diese Region geschickt, obwohl der König von Frankreich La Salle die ausschließliche Kontrolle über den Pelzhandel im Tal des Illinois übertragen hatte. Eines Tages näherten sie sich einigen Stromschnellen im Kankakee River, ohne die Gefahr zu ahnen, als plötzlich zweihundert Irokesen am Ufer auftauchten.

Sechzig Indianer sprangen ins Wasser und erbeuteten die Kanus, die sie ohne Umstände ans Ufer zogen. Die von Angst geplagten Franzosen protestierten wild, als die triefenden Wilden, deren nasse Körper glänzten und deren Gesichter von der Gier der Plünderung erleuchtet waren, die sieben Kanus plünderten und die Besitzer entführten. Mit großer Verachtung zerrissen die Irokesen die Genehmigungen des Gouverneurs für die Franzosen. Einige der Indianer übernahmen die Kanus mit ihrer wertvollen Warenladung, während die anderen ihre Gefangenen neun Tage lang quer durchs Land in Richtung Fort St. Louis fuhren.

Während sie gingen, wurden die weißen Männer mit Fragen zum Fort konfrontiert. War der Mann mit der eisernen Hand dort? War La Salle in der Festung? Als die Franzosen antworteten, dass ein neuer Kommandant das Kommando habe und La Salle zurückgerufen worden sei, sagten die schlauen Wilden, sie wüssten es, wollten aber sehen, ob die Franzosen die Wahrheit sagten. Sie sagten, sie würden die Festung angreifen. Schließlich ließen sie die Franzosen ziehen, drohten ihnen jedoch, ihnen den Kopf einzuschlagen, wenn sie in der Nähe der Festung gefunden würden.

Die Irokesen trieben ihre Eroberungszüge voran. Als sie den hohen Felsen sahen, rückten sie vorsichtig vor, nur um die finstere Zitadelle vorzufinden, die für den Kampf bereit war. Am Tag zuvor waren Läufer mit der Nachricht vom Herannahen der Irokesen zur Festung gekommen. Die Eindringlinge krochen bis zum Fuß des Felsens und jagten Pfeil und Kugel in die darüber liegenden Höhen. Sie versuchten sogar einen Angriff den schroffen Pfad hinauf, wurden aber mit großen Verlusten zurückgeschlagen. Sechs Tage lang belagerten sie die Wildnisburg, aber alles vergeblich. Schließlich machten sie einige der benachbarten Stämme zu Gefangenen und versuchten, sich davonzuschleichen. Aber die Banden der Shawnees, Illinois und Miamis hatten darauf gewartet, dass sie an die Reihe kamen, und nun waren sie dem sich zurückziehenden Feind dicht auf den Fersen und drängten mit eifrigen Waffen. Sie töteten viele und brachten ihre Skalps triumphierend nach Hause in die Dörfer rund um den Felsen. Fort St. Louis hatte seine Feuertaufe erlebt – und das Feuer hatte den Mut der Garnison und der Indianer der Kolonie nur gestärkt.

Durantaye flussabwärts und enthielt sechzig Franzosen als Verstärkung für die Garnison auf dem Felsen. Durantaye war ein tapferer Offizier, der im Jahr zuvor von Gouverneur La Barre auf die Posten am Lake of Illinois geschickt worden war . Oftmals hatte er es für nötig gehalten, nach Fort St. Louis zu reisen, um dem unfähigen Chevalier de Baugis Hilfe zu leisten . Zu diesem Anlass begleitete ihn der Priester Allouez aus Green Bay, der sein schwarzes Gewand aufnahm, als er den steilen Weg zur Festung hinaufstieg.

Nun, die Indianer kannten diesen Priester. Jahre zuvor war er gekommen, um den Platz ihres geliebten Pater Marquette einzunehmen. Und dann, am Heiligabend, im Winter ihrer Katastrophe, hatte er von den Miamis gehört , dass La Salle kommen würde, und war wie ein Geist in der Nacht verschwunden. In den folgenden Jahren kamen aus Green Bay, wohin er gegangen war, ständig Gerüchte, dass La Salle ihr Feind sei. Nun kam dieser Mann wieder zu ihnen, als La Salle verschwunden war und Tonty seiner Macht beraubt wurde.

Der Besuch von Durantaye brachte nicht nur Verstärkung, denn er hatte einen Befehl von Gouverneur La Barre bei sich, der Tonty befahl, die Festung zu verlassen und nach Quebec zu gehen. Tonty zögerte nicht. Boisrondet blieb mit einigen treuen Anhängern in der Festung, während der Mann mit der eisernen Hand, der sich von weißen und roten Freunden verabschiedete, fast allein flussaufwärts in Richtung des fernen Kanadas aufbrach. Er hatte fast sechs Jahre in der Wildnis verbracht – treue Jahre, in denen er seinem Anführer durch Schicksal und Glück gefolgt war. Er hatte mit einem Dutzend Stämmen herzliche Freundschaft geschlossen und dabei geholfen, sie in der Kolonie um Fort St. Louis zusammenzubringen. Nun sah er mit großer Bitterkeit, wie Festung und Kolonie an diejenigen übergeben wurden, die zwar Franzosen, aber dennoch Feinde seines Freundes La Salle waren.

Durantaye kehrte zum See zurück und De Baugis konnte tun und lassen, was er wollte. Die Indianer fanden in ihm nicht die Qualitäten, die sie an La Salle und Tonty bewundert hatten. Er wusste wenig über ihre Art und Weise und war vielleicht weniger daran interessiert, etwas über sie zu erfahren. Bald kam es in der Kolonie zu Problemen, die er nicht mehr in den Griff bekommen konnte. Die Miamis erhoben sich plötzlich und fielen mit großem Blutbad über die Illinois her. Dies macht eine Zerstörung der

Kolonie und die unvermeidliche Zerstörung beider Nationen durch die Irokesen wahrscheinlich.

Ein Jahr inkompetenter Herrschaft verging. Dann, im Juni 1685, erfuhren die Stämme, dass Tonty zurückgekehrt sei. Den Fluss hinunter, den er allein mit Kummer im Herzen hinaufgestiegen war, kam er nun im Triumph, und als er den Weg zur Festung hinaufstieg, überreichte er De Baugis in seiner linken Hand den Befehl, ihm das Kommando über die Festung und die Garnison zurückzugeben.

La Salle in Frankreich hatte die Gunst des Königs gewonnen. Ihm waren Schiffe gegeben worden, um eine Reise zur Mündung des Mississippi zu unternehmen, und Männer, die sie bemannten, sowie Waffen, Vorräte und Waren. All dies geschah im Frühjahr und Sommer 1684. La Forest, einer von La Salles Leutnants, wurde von Paris nach Kanada geschickt, um das von La Barre eroberte Fort Frontenac zu übernehmen und Tonty einen Auftrag als Kapitän zu erteilen das Gouverneursamt von Fort St. Louis. La Forest war im Herbst nach Fort Frontenac aufgebrochen, aber der Winter hinderte Tonty daran, seinen Posten im äußersten Westen bis Juni des folgenden Jahres zu erreichen.

Nachdem der enttäuschte De Baugis gegangen war, machte sich Tonty daran, die Stämme zu versöhnen. Das war keine leichte Aufgabe. Aber die Illinois und die Miamis hörten schließlich auf seine Überzeugungen, nahmen seine Geschenke an und stimmten erneut zu, in Frieden zu leben.

Für Tonty muss es so ausgesehen haben, als sei die Vision, die er hegte und mit La Salle teilte, näher an der Verwirklichung als je zuvor. Es war nun fast ein Jahr her, seit La Salle von Frankreich aus in See gestochen war. Vielleicht hatte er zu diesem Zeitpunkt bereits seine Festung an der Mündung des Mississippi gegründet und kam den Great River hinauf, um sich den Anhängern anzuschließen, die in Fort St. Louis so sehnsüchtig auf ihn warteten.

KAPITEL XXIV

Der verlorene Häuptling

Von ihrem Winterlager am Flussufer achtzig Meilen unterhalb von Fort St. Louis blickte Ende Februar 1686 eine Gruppe von Illinois auf und sah, wie ihr Freund Tonty mit fünfundzwanzig Franzosen und einer Handvoll Shawnees den Bach hinunterpaddelte . Im Juni des Vorjahres war er zurückgekehrt, um das Kommando über die Festung zu übernehmen, mit der guten Nachricht, dass La Salle von Frankreich aus zur Mündung des Mississippi gesegelt sei. Im Sommer hatte er ihre Häuptlinge überredet, erneut Frieden mit den Miamis zu schließen .

Doch mit dem Herbst kamen beunruhigende Nachrichten. Gerüchten zufolge sei La Salle am Ufer des Golfs gelandet; dass eines seiner Schiffe von den südlichen Stämmen, die ihn angegriffen hatten, zerstört und geplündert wurde; und dass er mit indianischen Feinden kämpfte und dringend Nahrung brauchte. Tonty war zutiefst beunruhigt zu Mackinac gegangen, hatte aber wenig erfahren, was ihn in Bezug auf seinen Anführer ermutigen könnte.

Er kehrte größtenteils zu Fuß zum Fort zurück und schickte Indianer auf der Suche nach Neuigkeiten zum Mississippi. Aber sie fanden keine. Dann beschloss Tonty, selbst den Fluss hinunter zum Meer zu gehen, um nach seinem verlorenen Häuptling zu suchen. Er startete mitten im Winter mit fast der Hälfte seiner Garnison. Vierzig Meilen lang zogen sie ihre Kanus über das Eis des Flusses, bis sie auf halber Höhe des Indianerlagers an offenes Wasser kamen.

Tonty hatte wenig Zeit, im Lager zu verweilen, aber er hatte den Indianern aufregende Neuigkeiten zu erzählen. La Barre, Gouverneur von Kanada, war zurückgezogen worden und der neue Gouverneur, Marquis Denonville , plante einen großen Krieg gegen die Irokesendörfer. Er wollte, dass Tonty eine Gruppe westlicher Indianer versammelte und sich mit anderen Gruppen unter Du Luth und Durantaye zusammenschloss , um die Armee aus Kanada zu verstärken, und er hatte Tonty eine Nachricht geschickt, er solle nach Kanada kommen, um mit ihm über die Angelegenheit zu sprechen. Aber Tonty hatte darauf bestanden, dass seine erste Pflicht darin bestehe, nach La Salle zu suchen; der andere muss auf seine Rückkehr warten. Würden sich die Illinois im nächsten Frühjahr ihm anschließen und dabei helfen, Krieg gegen das Land ihrer Feinde zu führen?

Tonty wusste genau, dass es auf seine Frage nur eine Antwort geben konnte. Die Illinois, die sich noch genau an die teuflischen Überfälle auf ihr Land erinnerten, sahen nun die Gelegenheit zur Rache; und sofort begannen sie von der Zeit zu träumen, in der Tonty von seiner Reise zurückkehren würde. Aber sie waren auch gespannt auf Neuigkeiten von La Salle und gaben Tonty fünf ihrer Männer, um ihn bis zur Flussmündung zu begleiten.

Mit dieser Ergänzung der Party tauchten Tontys Männer ihre Paddel in den kalten Bach und waren bald außer Sichtweite, sodass das Lager in Illinois voller Aufregung zurückblieb. Die Kanuflotte drang bald in den Mississippi ein und segelte rasch entlang seiner breiten Strömung. Irgendwo oberhalb der Mündung des Arkansas River trafen Tonty und seine Männer, nachdem sie viele Tage gereist waren, auf eine Kriegspartei von hundert Kappas . Die Indianer machten sich auf den ersten Blick auf die Kanus kriegsbereit, doch als sie herausfanden, wer es war, holten sie die Friedenspfeife hervor und gemeinsam gingen die beiden Parteien weiter ins Dorf.

Hier und in den Dörfern im unteren Arkansas tanzten die Indianer den Calumet-Tanz vor Tonty und schickten ihn in Frieden auf den Weg. Die Franzosen besuchten das Dorf am See, wo sie von den weiß gekleideten Taensas begrüßt wurden. Auch sie tanzten den Calumet-Tanz und waren den Besuchern gegenüber äußerst herzlich. Aber Tonty konnte nicht lange aufhören. Seine Kanus waren voller Lebensmittel für den hungrigen La Salle, und er hatte Männer und Waffen, um seinem Häuptling bei den Kämpfen zu helfen. Er muss zum Meer eilen. Im Dorf der Coroas hielt er lange genug an, um den Häuptling für den Verrat seines Stammes vor vier Jahren zu tadeln. Er passierte das Dorf der Quinipissas , ohne zu landen.

Am 9. April kamen Tonty und seine Gruppe ans Meer. Vier Jahre zuvor, am selben Tag, hatte La Salle das Kreuz und die Wappen Frankreichs erhoben und das Große Tal für den König in Besitz genommen. Aber jetzt war La Salle nirgends zu finden, obwohl er fast zwei Jahre Zeit gehabt hatte, die Flussmündung auf dem Seeweg zu erreichen. Es gab auch keine Anzeichen dafür, dass er und seine Schiffe und Männer dort gewesen waren. Tontys Angst verstärkte sich, als er vergeblich die benachbarten Kanäle absuchte. Er stellte zwei Erkundungstrupps zusammen und schickte einen nach Osten und einen nach Westen entlang der Golfküste. Er errichtete auf einer Insel nahe der Mündung eine einfache Festung und wartete. Als drei Tage vergangen waren, waren beide Parteien zurückgekehrt. Sie hatten mehr als ein halbes Hundert Meilen der Küste erkundet und waren zurückgekommen, weil ihnen das Trinkwasser ausgegangen war. Sie hatten nichts gesehen außer nassen Ufern und dem salzigen Meer. Nirgends war ein Zeichen des verlorenen Häuptlings zu sehen.

wartete Gouverneur Denonville oben in Kanada darauf, dass Tonty zu ihm käme und sich mit ihm über den Überfall der Irokesen beriet. Tonty beriet sich mit seinen Männern. Eines könnte noch getan werden. Sie waren eine beträchtliche Gruppe – ein Drittel von hundert – und sie hatten robuste Kanus. Warum nicht die Küste des Golfs umrunden, die Spitze Floridas umrunden, die Ostküste des Kontinents hinauf bis nach New York und von dort hinüber nach Kanada und zum wartenden Gouverneur? Es war ein kühner, aber rücksichtsloser Plan, und Tonty bestand nicht darauf.

Schweren Herzens begann er schließlich den Aufstieg zum Fluss. Der Wind und die Wellen hatten die Arme des Königs, die La Salle erhoben hatte, verwüstet, und Tonty ersetzte sie. In einem Loch in einem Baum hinterließ er einen Brief für La Salle und ging dann weiter in das Dorf der Quinipissas . Diese Indianer waren ein gezüchtigtes Volk, denn die Jahre hatten die Strafe, die La Salle ihnen für ihren Verrat auferlegt hatte, nicht aus ihrem Gedächtnis gelöscht. Jetzt baten sie demütig um Frieden, und Tonty gewährte ihm. Dann schrieb er einen weiteren Brief an seinen Anführer und übergab ihn dem Häuptling der Quinipissas mit der Aufforderung, ihn nach La Salle zu bringen, falls er jemals in diese Region käme. Der Indianer klammerte sich an diesen Brief wie an einen heiligen Schatz und übergab ihn dreizehn Jahre später stolz in die Hände eines weißen Häuptlings, der vom Meer den Fluss heraufgekommen war.

Tonty und seine Begleiter setzten ihre Reise fort. Als sie die Mündung des Arkansas erreichten, baten einige der Männer um Erlaubnis, auf einem Stück Land, das La Salle Tonty vor vier Jahren gewährt hatte, eine neue französische Siedlung zu errichten. Tonty war bereit; und so schlugen Jean Couture und mehrere andere ihr Lager am Ufer des Arkansas River in der Nähe seiner Mündung auf und sahen zu, wie ihre Kameraden ohne sie weiterzogen. Dann bauten sie ein Blockhaus mit einer Palisade aus Pfählen darum herum. Es war eine kleine Siedlung, die jedoch in der Geschichte der nächsten drei Jahre von seltsamer Bedeutung war.

Am 24. Juni wurde der enttäuschte Suchtrupp auf dem hohen Felsen von Fort St. Louis begrüßt. Aber Tonty konnte nicht im Fort bleiben. Er nahm zwei Häuptlinge aus Illinois mit und ging weiter flussaufwärts und über die Großen Seen, wo Denonville auf ein Gespräch mit ihm wartete.

Pläne für eine große Versammlung der Feinde der Irokesen nahmen schnell Gestalt an. Die beiden Häuptlinge von Illinois, die Ende 1686 von einem Besuch beim kanadischen Gouverneur zurückkamen, waren voller Geschichten, die ihr Volk aufrüttelten. Von der Festung ausgesandte Läufer informierten alle Stämme darüber, dass im Frühjahr Krieg stattfinden würde, und forderten sie auf, sich Tonty in Fort St. Louis anzuschließen.

Als der April 1687 kam, stieg in der Festung auf dem Felsen der Rauch vieler Feuer auf, denn Tonty veranstaltete ein Hundefest für seine Indianerkrieger. Illinois, Shawnees, Mohegans und Miamis versammelten sich zum Kampf. La Forest war bereits mit einer Gruppe Franzosen aufgebrochen; Durantaye und Du Luth versammelten ihre Krieger drüben am See; und in der zweiten Aprilhälfte beobachtete Bellefontaine, der mit zwanzig Männern die Leitung des Forts innehatte, Tonty mit sechzehn Franzosen und der Gruppe indischer Tapferer, wie er in den Krieg im Fernen Osten aufbrach.

KAPITEL XXV

NEUIGKEITEN AUS LA SALLE

Frühling und Sommer vergingen ruhig am Illinois River. Tonty und seine vereinte Armee waren noch nicht aus dem Irokesenkrieg zurückgekehrt; und diejenigen, die zu Hause geblieben waren, um die Festung und die Dörfer zu schützen, fanden keine Eindringlinge, die sie belästigen konnten. Boisrondet , der Kommissar der Festung, war mit den Feldern der Franzosen beschäftigt. Auch die Indianer bauten ihre Felder an und bewirtschafteten sie. Die Tapferen besuchten von Zeit zu Zeit die kleine Garnison, jagten und fischten, spielten mehr mit Kirschkernen und sonnten sich vor allem in der Sonne.

Der September war zur Hälfte vorbei und noch immer gab es nichts, was die Monotonie unterbrechen konnte. Der Vierzehnte des Monats war Sonntag, und vielleicht nahm der schwarz gekleidete Pater Allouez, der krank und in seinem Zimmer eingesperrt war, in der Festung Notiz von diesem Tag. Aber für die Indianer war ein Tag wie der andere. Zufällig war eine Gruppe von ihnen am frühen Nachmittag auf den Feldern flussabwärts von der Festung. Plötzlich sah einer von ihnen, ein Shawnee namens Turpin, auf den in der Sonne funkelnden Bach blicken, wie sich ein Indianerunterstand näherte. Einen Augenblick später war er am Ufer und musterte mit gespannten Augen die Bewohner der Barke. Sie kamen näher, waren auf gleicher Höhe mit ihm, zogen flussaufwärts vorbei; aber er erkannte keinen von ihnen. Da waren ein stämmiger, großer Franzose, zwei Männer in Priestergewändern, zwei weitere weiße Männer und mehrere seltsame Indianer. Woher kamen diese Männer? Niemand wusste, dass sie den Fluss hinuntergingen.

Als die Fremden vorbei waren, schlüpfte Turpin über die Felder und kam wieder an das höher gelegene Flussufer. Diesmal riefen ihn die Männer im Unterstand. Sie gehörten der Partei von La Salle an, sagten sie. Der Inder studierte sie eine Weile aufmerksam. Als ihm dann der Name La Salle einfiel, machte er sich auf den Weg zur Festung. Wie auf Flügeln flog er den steilen Pfad hinauf und stürmte in den mit Palisaden geschmückten Eingang mit dem Ruf, dass La Salle käme.

Mit einem Satz sprangen Boisrondet und der Schmied aus der Umzäunung , und die Seite des Felsens hinunter und um den Fuß herum zum Ufer des Flusses liefen sie schneller, als der Indianer gekommen war. Ein anderer Franzose und eine Gruppe Indianer waren jedoch vor ihnen und führten die Weißen bereits zum Fort. Voller Überraschung und Freude umarmten Boisrondet und sein Kamerad die fünf Fremden. Der scharfe Blick von Boisrondet musterte sie alle und blickte dann zurück zum Fluss.

„Aber wo ist La Salle?" er hat gefragt. Einer der beiden Männer, die antworteten, war ein kräftiger Mann mit ehrlichem Gesicht, der andere ein Priester. Der Priester war der Abbé Cavelier , ein eigener Bruder von La Salle; sein Begleiter war Henri Joutel , ein vertrauenswürdiger Anhänger des verlorenen Häuptlings. Sie sagten, La Salle habe sie einen Teil des Weges begleitet und sie an einem Ort etwa vierzig Meilen vom Dorf Cenis entfernt zurückgelassen; und als er sie verließ , war er bei guter Gesundheit.

Wenn an ihrer Antwort etwas Merkwürdiges war, bemerkte Boisrondet es damals nicht ernsthaft. Er bemerkte auch nicht das Schweigen des grau gekleideten Mönchs, der neben den Rednern stand. Zu sehr freute er sich über die Neuigkeiten seines Häuptlings und hörte mit offenem Ohr zu, als sie hinzufügten, dass sie von La Salle den Befehl hätten, nach Frankreich zu reisen, um von seiner Reise zu berichten und Hilfe zu bringen.

Es war zwei Uhr nachmittags, als die ganze Gruppe nach dem Austausch von Grüßen zu der Festung hinaufstieg, die hoch über der Landschaft aufragte. Salven aus den Kanonen der Garnison grüßten sie, und der Kommandant Bellefontaine trat vor, um sie zu begrüßen. Dann gingen die Fremden hinüber zur kleinen Kapelle, um an diesem September-Sabbat für ihre sichere Ankunft unter Freunden zu danken.

Pater Allouez, der krank in seinem Zimmer lag, erhielt mit Bestürzung die Nachricht, dass eine Gruppe von La Salle-Männern in der Festung angekommen sei. War La Salle unter ihnen? Mit großer Erleichterung erfuhr er, dass dies nicht der Fall war. Allouez ließ wissen, dass er gerne mit einigen Mitgliedern der Partei sprechen würde; und so betraten La Salles Bruder und der stille Pater Douay zusammen mit Joutel das Zimmer des Kranken.

Zuerst sprachen sie über andere Dinge – über Angelegenheiten im fernen Frankreich, über die Ausmerzung der Ketzerei des Calvinismus und über den zwanzigjährigen Waffenstillstand mit dem Kaiser. Schließlich erkundigte sich der Kranke nach La Salle. Wie sie es Boisrondet erzählt hatten, teilten sie nun Allouez mit, dass es La Salle gut ging, als sie sich von ihm trennten – und sie fügten hinzu, dass er ebenfalls geplant hatte, in das Land Illinois zu kommen und vielleicht bald dort sein würde. Daraufhin vertiefte sich der Ausdruck der Vorahnung auf Allouez' Gesicht. Als sie das Krankenzimmer verließen, fragten sich die drei Männer, warum der Priester über die Ankunft von La Salle so unzufrieden zu sein schien.

Die Ankunft der fünf Männer von La Salles Gruppe war eine willkommene Abwechslung in der Monotonie des Lebens in der kleinen Kolonie; und die Garnison und die Indianer wären froh gewesen, wenn sie geblieben wären. Aber sie wollten unbedingt weitermachen – insbesondere der Abbé Cavelier , der keine Verzögerungen zu ertragen schien. Er bat Boisrondet um ein Kanu und Männer, die sie zu den Seen bringen sollten, denn die Führer aus Arkansas, die sie den Fluss hinaufgebracht hatten, mussten nun mit ihrem Kanu zu ihren eigenen Leuten zurückkehren. Ja, antwortete Boisrondet , er habe ein Kanu, aber die Schwierigkeit bestehe darin, fähige Männer als Führer zu finden. Am Mittwoch trafen jedoch drei Kanufahrer aus Mackinac ein und erklärten sich bereit, die Gruppe zu diesem Posten zu führen.

Vier Tage nach ihrer Ankunft im Fort waren die Besucher erneut mit Shawnee-Indianern auf dem Weg zu den Seen und nach Kanada, um ihre Vorräte zu transportieren. Als sie den Lake of the Illinois erreichten, erreichten die Wellen eine alarmierende Höhe und Stürme hielten sie eine Woche oder länger am Ufer fest. Schließlich gaben sie verzweifelt auf, drehten sich um, vergruben ihre Vorräte in einem Versteck und gingen quer durchs Land zurück zur Festung.

Die indianischen Krieger von Tontys Gruppe kamen bereits mit der guten Nachricht einer überwältigenden Niederlage der Seneca-Irokesen-Nation zurück. Tonty hatte mit seinen Franzosen und ihren indischen Verbündeten tapfer an dem großen Überfall im Juli teilgenommen und war nun auf dem Heimweg. Die Kolonie erwachte zu neuem Leben, denn mit jeder ankommenden Gruppe wuchs die Freude der Indianer.

Schließlich, am 27. Oktober, kam Tonty selbst den Fluss hinunter und stieg den Weg nach Fort St. Louis hinauf. Gewehrschüsse dröhnten, die Männer der Festung drängten sich um ihn, und bewundernde Indianer hielten sich an seinen Fußstapfen. Aber diese fünf Fremden! Tontys Blick fiel auf das lange Gewand und das priesterliche Gesicht des Abbé Cavelier . La Salles Bruder hier in seiner Festung! Er kannte das Gesicht gut und mochte seinen Besitzer wenig; aber er war einer der Verlorenen gewesen . Was ist dann mit La Salle? Schnell und eindringlich kamen die Fragen des eisernen Kommandanten.

Wieder erzählten Abbé und Joutel ihre Geschichte. La Salle war mit ihnen von der äußersten Südwestküste fast bis zu den Dörfern der Cenis-Indianer gekommen, die westlich von Arkansas lebten, und hatte sie dort zurückgelassen; und als er sie verließ , war er bei guter Gesundheit. Neben der kleinen Gruppe stand Pater Anastasius Douay mit schweigsamen Lippen. Auch der Seemann Teissier oder der junge Cavelier , der Neffe von La Salle und dem Abbé, trugen nichts zur Geschichte bei.

Tonty achtete kaum auf ihr Schweigen; denn in seinem Kopf war der einzige große Gedanke, dass La Salle am Leben war und die Festung jederzeit erreichen könnte. Vier Jahre zuvor war sein geliebter Anführer von der Festung am Illinois nach Kanada und weiter nach Frankreich gegangen; und drei Jahre zuvor war er von Frankreich aus zur Mündung des Mississippi gesegelt. Während dieser ganzen Zeit hatte Tonty im Wechsel zwischen

Hoffnung und der düsteren Verzweiflung, die in letzter Zeit so oft über seine Seele hereingebrochen war, darauf gewartet, jeden Tag auf Neuigkeiten von seinem verlorenen Häuptling zu hoffen. Jetzt war es soweit.

Tonty hatte den priesterlichen älteren Bruder seines Freundes kaum gemocht; Denn in früheren Zeiten war der Abbé Cavelier mit seinem eigensinnigen Verhalten, seinen Klagen und seinen Intrigen für La Salle eine Quelle großer Verärgerung gewesen. Aber lasst solche Dinge jetzt vergessen, denn der Mann brachte Neuigkeiten – gute Nachrichten über den verlorenen Häuptling. Und so hörte Tonty innerhalb der Mauern von Fort St. Louis, in der fernen Wildnis dieses Indianerlandes, zu, als Abbé und Joutel die Geschichte erzählten, auf die er so lange gewartet hatte, die Geschichte der Abenteuer dreier ängstlicher und aufregender Jahre.

KAPITEL XXVI

EINE REISE MIT SCHLECHTEN STERNEN

Am 24. Juli, drei lange Jahre zuvor, hatten diese fünf wettergegerbten Männer und ihre Kameraden gesehen, wie die Küsten Frankreichs langsam aus ihrem Blickfeld verschwanden. Aus dem Hafen von Rochelle waren an diesem Sommertag vierundzwanzig Schiffe ausgelaufen. Zwanzig von ihnen zogen sich bald vom Rest zurück und richteten ihren Bogen auf die Mündung des Sankt-Lorenz-Stroms und Neufrankreich; die anderen vier segelten allein weiter.

An Bord der vier Schiffe befanden sich fast dreihundert Seelen, die sich auf eine Reise begaben, die noch niemand zuvor gemacht hatte. Eines der Boote, die Joly, ein Kriegsschiff, trug etwa dreißig Kanonen. Aber es beförderte auch wertvollere Fracht. Monsieur Beaujeu , ein stolzer und mutiger Mann, war sein Kapitän; und mit ihm als Anführer der Kolonie, die so zum Ruhm des Königs von Frankreich aufstieg, war Robert Cavelier , Sieur de La Salle. Unruhig und ehrgeizig wie immer, spürte er nun unter seinen Füßen die rollenden Decks, die ihm der König mit viel Glück gegeben hatte, um die Mündung des Mississippi zu finden und dort eine Siedlung zu gründen, die der Beginn eines großen neuen Reiches im Herzen sein würde der amerikanischen Wildnis.

Der König von Frankreich hatte einen Blick auf La Salles Vision von der Zukunft des Großen Tals geworfen. Er hatte auch zugehört, während La Salle ihm die Geschichte ins Ohr geflüstert hatte, wie die verhassten Spanier, die sich viele Jahre lang an die reichen Länder Mexikos geklammert hatten, vor den Angriffen der Franzosen fallen würden, unterstützt von den Horden von Indianern, die sie besiegten Sie würden aus der Kolonie um Fort St. Louis und aus dem unteren Mississippi-Tal rekrutieren.

In den vier Schiffen befanden sich hundert Soldaten; und da die Kolonien solche brauchten, gab es Zimmerleute, Werkzeugmacher, Bäcker, Steinmetze und Ingenieure. Es gab auch Priester und Mönche – unter anderem La Salles Bruder, den Abbé Cavelier , und Pater Anastasius Douay. An Bord eines der Schiffe befand sich die energiegeladene Gestalt von Pater Membré , der im Großen Tal des Mississippi kein Unbekannter war. Er hatte es mit La Salle betreten und sich später nach dem Überfall der Irokesen mit seinem Freund mit der eisernen Hand kaum wieder herausgekämpft. Er war mit der tapferen Gruppe zurückgekehrt, die das Tal entlang bis zum Meer paddelte, und war derjenige gewesen, der die Nachricht von der Reise nach Kanada und Frankreich überbrachte. Er hielt immer noch an der Seite seines Anführers fest, der ein treuer Freund war.

In derselben Stadt wie La Salle in Rouen wurde ein Mann namens Henri Joutel geboren . Als kleiner Junge trat er in die Armee ein, und nach etwa sechzehnjährigem Dienst war er rechtzeitig in seine Heimatstadt zurückgekehrt, um sich anderen anzuschließen, die mit ihren Bürgern auf einer Schiffsreise über das Meer waren. Zu guter Letzt befanden sich auf diesen vier Schiffen eine Handvoll Frauen und Mädchen, die bereit waren, die Gefahren des Meeres und die furchterregenden Gefahren eines fremden Landes auszuprobieren.

So waren sie gesegelt, eine Kompanie von Kolonisten aller Klassen und Arten – gute und schlechte, tapfere und schwache Männer, Arbeiter und Drohnen, Herren und tapfere Bauern, ausschweifende Adlige und das Gesindel der Hafenstädte; Männer, die ihre Last auf sich genommen und Not, Krankheit und Verzweiflung durchgehalten haben; und Männer, von denen Joutel erklärte, dass sie nur einen Teil der Vorräte essen könnten.

Noch nie hatte der unbesiegbare Geist von La Salle so hartnäckige Schläge erlitten wie jetzt. Erstens waren die Vorbereitungen der Reise für den Erfolg nahezu verhängnisvoll, denn die Kompanie hatte zwei Köpfe, von denen jeder ein Mann war, der es gewohnt war, allein zu befehligen, und der keine Geduld gegenüber jeder anderen Autorität hatte. Beaujeu , ein alter Marineoffizier und Kapitän der Flotte, sah in La Salle wenig Großes und hielt ihn für einen Träumer, wenn nicht sogar für einen Fanatiker. La Salle, der Anführer der Kolonie, der befugt war, den einzuschlagenden Weg zu bestimmen, blickte Beaujeu mit Misstrauen gegenüber , beriet sich selbst über seine Pläne und betrachtete den Kapitän als seinen Feind und das Haupthindernis für den erfolgreichen Ausgang seiner Mission . Bevor die Schiffe überhaupt in See stachen, hatten diese beiden Männer Streit, und auf offener See war es nicht besser.

Jahre voller bitterer Erfahrungen, der Strapazen der Wildnis, der täglichen und nächtlichen Gefahren, der Enttäuschungen und Verluste hatten den Willen von La Salle verhärtet; und diese Jahre hatten eine gewisse Kälte und Härte seines Verhaltens nicht gemildert, die ihn viele Freunde verlor. Misstrauen und Zweifel gegenüber seinen Mitmenschen vertieften sich mit jeder Drehung seines Glücksrads in seinem Herzen. Trotz all seiner bemerkenswerten Macht über die Indianer gelang es ihm immer wieder nicht, die Männer seiner eigenen Rasse, über die er das Kommando hatte, zu verstehen und sich bei ihnen beliebt zu machen. Natürlich ging es mit seiner Mischlingsgesellschaft von Reisenden leider schief. Niemand schätzte es besser als Tonty, als er der Geschichte von Abbé und Joutel lauschte , wie Abenteuer und Prüfungen, wie sie die Gruppe erleben mussten, jeden Mann auf die Probe stellen und ihn als wahren Mann, als Schurken oder als Schwächling entlarven würden.

Auf der Insel Santo Domingo legte die Joly an und wartete auf den Ausgleich der zurückgebliebenen Flotte. In der Firma gab es fünfzig Kranke, darunter auch La Salle. Aber an Land gab es viel zu tun. Als La Salle eines Tages mit Joutel durch die Straßen der kleinen Stadt Petit Gouave spazierte , überkam sie eine plötzliche Schwäche und sank zu Boden. Joutel brachte ihn so schnell wie möglich zu einem Haus, das vorübergehend von den Brüdern Duhaut , zwei Mitgliedern der Firma La Salle, gemietet worden war . Bevor er wieder er selbst war, erzählte ihm einer der Duhauts vorschnell, dass spanische Freibeuter eines der vier Schiffe gekapert hätten, und sofort kehrte seine Krankheit zurück. Joutel und der Abbé erzählten Tonty wenig über den Ältesten dieser Duhauts , aber in ihren Gedanken dachten sie mit einem Hass an ihn, der in der Geschichte, die sie erzählten, keine Grundlage hatte.

Viele Wochen lang blieben La Salle und seine Reisenden in Santo Domingo zurück, um Vorräte für den Rest der Reise zu sammeln. Weitere Mitarbeiter des Unternehmens wurden krank; und einige verließen das Land aus Angst vor drohenden Gefahren. Endlich kamen sie Ende November davon und segelten entlang der Südküste Kubas nach Westen . Bald hatten sie die lange Insel passiert und richteten den Bug ihrer Schiffe auf die Küste des Golfs von Mexiko.

Zwei oder drei Tage vor Ende des Jahres 1684 sichteten sie Land. Da sie dachten, sie seien in der Nähe der Appalache -Bucht , segelten sie bei kaltem Wind, Regen und Nebel nach Westen und hofften jeden Tag, die Mündung des Großen Flusses zu finden. Manchmal landeten sie Männer, um eine Flussmündung oder Lagune zu erkunden. Einmal, am 6. Januar, gelangten sie an etwas, das wie die Mündung einer Bucht aussah, mit einer Insel in der Mitte, aber La Salle, immer noch davon überzeugt, dass der Mississippi weit im Westen lag, drängte weiter an der Küste entlang. Als der Januar zu Ende ging, stellten sie fest, dass die Küste immer mehr nach Süden tendierte, und sogar La Salle begann zu glauben, sie hätten den gesuchten Fluss verlassen.

Schließlich landeten sie am Ufer einer Bucht, wo ein Fluss in den Golf mündete, und der verwirrte Anführer der Wanderkolonie kam zu dem Schluss, dass sie die westliche Mündung des Mississippi gefunden hatten. Eines der Schiffe, das unter schlechtem Management des Lotsen in die Bucht gelangte, lief auf Grund und brach auseinander. In seiner Verzweiflung schickte La Salle seine Männer dazu, die Ladung zu retten. Unter großen Schwierigkeiten wurden Proviant und Munition aus dem Schicksalsschiff geborgen und am einsamen Ufer aufgetürmt. In der langen Nacht, die darauf folgte, schlichen unfreundliche Indianer auf der Suche nach Plünderungen umher, und Wachposten liefen im Sand auf und ab und hielten Wache zwischen den kostbaren Kisten und Fässern, während die elende Gruppe von Kolonisten versuchte, Schlaf zu finden.

So entmutigend dieser Anfang auch war, es ließ nicht lange auf sich warten, bis die Kolonie von größerem Unglück heimgesucht wurde. La Salles Neffe, Moranet , hitzköpfig und unklug, besuchte mit einigen der Männer ein Indianerdorf, um Handel zu treiben und nach gestohlenem Eigentum zu suchen; und als sie Abschied nahmen, machten sie sich mit Indianerdecken und Kanus auf den Weg. Nach ihrer Rückkehr lagerten sie nachts, ihr Wächter schlief und die Indianer kroch auf sie zu. Kriegsgeschrei erhob sich in der Luft und in die Gruppe schlafender weißer Männer am schwelenden Feuer traf eine Pfeilsalve, die zwei Mitglieder der Truppe tötete. Mit der schlechten Nachricht auf den Lippen und einem Pfeil in der Schulter gelang es Moranet schließlich, das Lager am Ufer zu erreichen.

Niemand wusste besser als La Salle, welche bösen Folgen solche Beziehungen zu den Indianern mit Sicherheit haben würden; aber jetzt gab es keine Besserung mehr. Unglück wehte in jedem Wind; Da die Kolonie La Salle ständig umherstreifende Indianer im Auge behielt, Präriebrände bekämpfte, die den Proviant und das Schießpulver zu erreichen drohten, und diejenigen der Kompanie, die krank wurden und starben, am sandigen Ufer begrub, machte sie erbärmliche Fortschritte.

überließ 130 Mann der Kompanie die Leitung von Joutel und machte sich mit einer Handvoll Männern auf den Weg, um die Gegend zu erkunden. Als er zurückkam, war er stur und überzeugt, dass er dem Mississippi nicht so nahe war, wie er angenommen hatte. Ohne Zweifel waren er und alle seine Männer verloren.

Beaujeu und ein Teil der Kompanie waren bereits abgesegelt; Sie kehrten nach Frankreich zurück, um ihren Freunden zu erzählen, dass La Salle inmitten feindlicher Indianer am Ufer des Golfs gelandet war und keine genaue Kenntnis darüber hatte, wo er sich befand. Tatsächlich hatte La Salle die Mündung des Mississippi fast vierhundert Meilen hinter sich gelassen und lagerte an den Ufern der heutigen Matagorda Bay in Texas.

KAPITEL XXVII

JAGD AUF DEN MISSISSIPPI

Irgendwo im Osten floss der Mississippi durch das Great Valley zum Meer; und La Salles Entschlossenheit, es zu finden, verstärkte sich durch seine Entmutigungen. Doch zunächst müssen sie den Standort in Meeresnähe als Versorgungsstation für weitere Erkundungen bewohnbar machen. Zu diesem Zweck war in der Nähe der Stelle, an der sie gelandet waren, eine einfache Festung errichtet worden, und Joutel hatte mit einem Teil der Kompanie das Kommando übernommen, während La Salle die Gegend erkundete. Bald stieß er etwas weiter flussaufwärts auf einen Ort, der für eine dauerhafte Festung besser geeignet schien; und so sandte er die Nachricht an Joutel zurück, dass er die Kanthölzer für das neue Gebäude fertigstellen und sich ihm später an diesem oberen Standort anschließen solle.

In diesen ausgedehnten Sandebenen des Southlands gab es keinen hohen Felsen wie den von Fort St. Louis am Illinois. Aber es gab einen ansteigenden Hügel in der Nähe des Flusses, und hier legte La Salle mit seinen eigenen Händen den Umriss der Festung fest und leitete ihren Bau. Die neue Festung nahm schnell Gestalt an; und La Salle nannte es nach seinem Lieblingsheiligen Fort St. Louis, und er nannte die Bucht, in der sie landeten, die Bucht von St. Louis.

Aus Kanthölzern bauten die Männer ein großes Wohnhaus und teilten es in Wohnungen auf. Um diese herum bauten sie eine Palisade und stellten die acht kostbaren Kanonen auf. Es war eine angenehme Lage. Der Fluss umspülte den Fuß des Hügels im Norden und Nordosten und floss weiter bis zur Bucht. Auf der anderen Seite des Flusses befand sich ein sumpfiges Gebiet, in dem zu ihrer Jahreszeit unzählige Vögel sangen. Im Westen und Südwesten erstreckten sich die Ebenen so weit das Auge reichte, durchzogen von Herden struppiger Büffel.

Hier und da gab es kleine Baumgruppen, darunter viele, die das ganze Jahr über grün blieben. Aus der Ferne boten diese Laubbüschel den einsamen Kolonisten das angenehme Bild der Haine um Landhäuser im fernen Frankreich. In ihren Vorstellungen schienen sie das Land von weißen Siedlern bevölkert zu sehen, statt von Indianern, die in der neuen Siedlung umherstreiften und manchmal auf ihre umherziehenden Jäger stießen.

Die Kolonie war immer kleiner geworden: Im Laufe des Sommers waren mehr als dreißig an Krankheiten gestorben; einige waren von den Indianern getötet worden; und einige waren desertiert. Unter den Kranken war auch der Abbé Cavelier . La Salle, erfüllt von dem Wunsch, nach seinem verlorenen Fluss zu suchen, wartete nur darauf, dass sein Bruder sich soweit erholt hatte, dass er mit ihm gehen konnte. Im Herbst ging es dem Priester wieder gut, die Festung war errichtet und La Salle bereitete sich auf den Abmarsch vor. Aber bevor er ging, rief er Joutel beiseite und übertrug ihm die Leitung der Kolonie, mit der sorgfältigen Anweisung, niemanden von der Erkundungsgruppe zu empfangen, falls sie zurückkommen sollten, es sei denn, sie brachten einen Brief von La Salle selbst mit dem Passwort: „Im Namen von die allerheiligste Dreifaltigkeit." Dann, als der Oktober 1685 zu Ende ging, machte sich La Salle mit seinem Bruder und einer beträchtlichen Anzahl von Männern unter Kanonenfeuer auf den Weg entlang der Bucht mit allen Kanus und der Barke La Belle, um zu suchen, was sie finden könnten nach Osten.

Joutel , der mit vierunddreißig Personen – Männern, Frauen und Kindern – zurückgeblieben war, hielt sie alle auf Trab. Einige schickte er als Jäger aus, andere beauftragte er mit dem Holztragen und der Fertigstellung ihrer Behausungen und Lagerhäuser. Hin und wieder wurden Indianer gesehen, aber sie kamen nicht in die Nähe der Festung. Zu ihrem besseren Schutz teilte Joutel die Nacht in Wachen ein und stellte mit größter Sorgfalt Wachposten auf – eine Pflicht, die sogar die Frauen teilten. Wochen vergingen und das neue Jahr nahte; und noch immer war La Salle nicht zurückgekehrt.

Eines Abends, Mitte Januar, versammelten sich die Männer und Frauen, die gerade von ihrer Arbeit kamen, in dem mit Palisaden geschmückten Haus auf dem Hügel, als ihnen plötzlich der Wächter zurief, er höre eine Stimme vom Fluss her rufen. In großer Eile rannten die Männer aus dem Haus und hinunter zum Ufer. Draußen auf dem Wasser konnten sie die Umrisse eines Kanus erkennen und darin einen einsamen Mann, der in die funkelnden Lichter der Siedlung rief: „Dominick!"

Dominick war der jüngere der Duhaut- Brüder; und als sich der Reisende dem Ufer näherte, sahen die Männer der Festung, dass es sich um den älteren Duhaut handelte , der fast drei Monate zuvor mit La Salle aufgebrochen war. Jetzt kehrte er allein zurück, und Joutel befragte ihn eingehend. Hatte er einen Brief aus La Salle? Nein, überlegte Joutel . „Niemand soll zur Festung zurückkehren, es sei denn, er bringt einen Brief von mir mit dem Passwort darin", hatte La Salle zum Abschied gesagt. Sollte er Duhaut wieder in die Wildnis abweisen oder ihn bis zur Rückkehr des Anführers in Ketten werfen? Es war ein rätselhaftes Dilemma, mit dem Joutel konfrontiert war ; aber zumindest konnte er sich die Geschichte des Mannes anhören. Als Duhaut endlich von seinen Abenteuern erzählt hatte, sah der gutherzige Joutel nichts Falsches daran, ihn wieder als Mitglied der Garnison aufzunehmen.

La Salle, so sagte Duhaut , sei viele Tage lang mit Kanus und der Belle am Ufer entlanggesegelt. Einmal schickte er eine sechsköpfige Gruppe aus, um das Land zu erkunden. Sie kehrten nicht zurück und später fand ein Suchtrupp ihre Leichen an der Küste, wo Indianer sie massakriert hatten. La Salle war entmutigt, aber nicht völlig entmutigt. Er sammelte an Land Fleisch und trocknete es zur Konservierung, belud es mit anderen Proviant an Bord der Belle und befahl einem Teil seiner Männer, auf dem Schiff zu bleiben und bis zu seiner Rückkehr in der Bucht zu bleiben. Dann ging er mit zwanzig Männern an Land, versenkte seine Kanus und zog landeinwärts — immer noch in der Hoffnung, auf den Großen Fluss zu stoßen.

Der ältere Duhaut gehörte zu dieser Erkundungsgruppe, ebenso wie Moranet , der von La Salle den Befehl hatte, die Nachhut zu bilden. Nun geschah es, dass Duhauts Rucksack und Schuhe in einem schlechten Zustand waren und er anhielt, um sie auszubessern . Als Moranet näherkam, drängte er ihn, weiterzumachen; und Duhaut wiederum bat Moranet, auf ihn zu warten. Moranet gab jedoch nicht auf, sondern machte mit dem Rest des Unternehmens weiter. Als Duhaut schließlich aufsah, war niemand in Sicht. Mit eiligen Schritten folgte er der Richtung, die seine Gefährten eingeschlagen hatten. Als die Nacht hereinbrach, war er immer noch allein in einer Ebene voller Unkraut und Büffelspuren, aber ohne eine Spur von Menschen. Er feuerte seine Waffe ab, aber nichts außer dem Echo beantwortete den Bericht. Schließlich legte er sich zum Schlafen unter den freien Himmel .

Als der Morgen kam, erhob sich Duhaut mit neuer Hoffnung und feuerte erneut mehrmals; aber es kam keine Antwort. Er war verloren. Den ganzen Tag und die ganze Nacht blieb er in der Nähe des gleichen Ortes und hoffte, dass ein Teil der Gruppe zurückkehren würde, um ihn zu finden. Als schließlich niemand kam, beschloss er, sich den Weg zurück nach Fort St. Louis zu bahnen. Zwischen ihm und der Festung lagen Meilen Wildnis, und er wusste genau, dass in jeder Baumgruppe feindliche Indianer lauern könnten.

Jeden Tag lag er in Angst und Ungewissheit da und versteckte sich unter Baumstämmen und Unterholz; und nachts stolperte er weiter nach Hause. Seine Vorräte gingen zur Neige und er musste Wild töten, um es zu essen — jedes Mal mit Schwierigkeiten und in großer Gefahr, von den Indianern entdeckt zu werden. Wochen dieser nächtlichen Wanderung vergingen, bis er schließlich die Stelle erreichte, an der La Salle die Kanus versenkt hatte. Mühsam hob er eines der Boote aus dem Wasserbett und paddelte damit weiter die Bucht hinunter. Als der Wind wehte, hisste er sein Hemd als Segel. Endlich erreichte er das Fort, nachdem er einen Monat unterwegs gewesen war, entging auf wundersame Weise dem Tod durch indianische Feinde und erlitt fast unglaubliche Strapazen . Joutel brachte es nicht übers Herz, sich zu weigern, den Mann aufzunehmen. Er begnügte sich damit, ihn ein paar Tage lang aufmerksam zu beobachten, sah aber nichts, was Misstrauen oder Unmut erregt hätte.

Ein Lieblingsposten von Joutel war das Dach, von dem aus er in alle Richtungen sehen konnte. Von diesem Aussichtspunkt aus sah Duhaut etwa zwei Monate nach Duhauts Rückkehr weit entfernt auf der anderen Seite der Ebene eine kleine Gruppe Männer. Er eilte hinunter, versammelte einige seiner Männer, nahm sie unter Waffen und ging vorwärts, um zu sehen, wer die Neuankömmlinge sein könnten. Es waren La Salle, der Abbé, Moranet und fünf oder sechs andere. Ihre Kleidung war unbeschreiblich zerlumpt und abgenutzt. In der Gesellschaft befand sich kaum ein Hut oder ein ganzes Kleidungsstück, und die Soutane des Abbé hing in Fetzen an ihm.

La Salle hatte einige seiner Männer geschickt, um die Belle zu finden. Am Tag nach La Salles Rückkehr kamen auch sie zur Festung und meldeten, dass sie das Schiff nicht finden konnten. Später erfuhr man, dass die Bark auf Grund gelaufen war und die Besatzung gezwungen war, sie zu verlassen. Somit war das letzte Schiff verschwunden und mit ihm die Hoffnung, nach Westindien zu fahren, um Hilfe zu holen.

La Salle war weit gereist, aber er hatte wenig gefunden, was ihn auf seinen Reisen ermutigt hätte. Doch wie ein Irrlicht ließ ihn der Wunsch, den Fluss zu finden, nicht ruhen. Kaum einen Monat verweilte er in der Festung. In diesem Monat war Tonty an der Mündung des Mississippi und suchte schweren Herzens nach seinem verlorenen Anführer.

Ende April wagte sich La Salle erneut mit etwa zwanzig Männern auf den Weg, diesmal zu Fuß. Auch hier waren Abbé und Moranet mit von der Partie; und mit ihnen waren Dominick Duhaut , ein deutscher Freibeuter namens Hiens , ein Chirurg und ein Dutzend andere, die von ihrer Verfassung her für Not und Gefahr geeignet waren.

Erneut wurde Joutel die Verantwortung für die Siedlung überlassen, die unter seiner Hand florierte. Überall im Haus pflanzte er Getreide, Gemüse und Melonen an. Er reparierte die Gebäude und richtete hier und da Kletterpflanzen auf. Pater Membré hatte einen eigenen Gemüsegarten. Da es ziemlich viel Wild gab, wurde Gabriel Barbier als Leiter der Jagdgruppen ausgesandt, und einige der Frauen und Mädchen kamen mit, um bei der Jagd auf das Wild zu helfen. In der Festung gab es Schießübungen und es wurden Preise für Treffsicherheit ausgelobt. Da Joutel nur über begrenzte Munition verfügte, wies er diejenigen, die das Wild auf der Jagd zerlegten, an, nach der Kugel zu suchen. und oft wurde derselbe Ball verwendet, um mehrere Tiere zu erlegen.

Manchmal kam es zu Begegnungen der Jäger mit den Indianern, und einmal wurden mehrere der Männer verwundet; Dennoch wurden sie wenig belästigt. Wenn die Gesellschaft abends im Haus war, sorgte sie mit Musik und Tanz für gute Laune. So verlief der Sommer 1686 recht angenehm.

Erst im August kam La Salle zurück; und als er kam, war es nur ein Teil seiner Truppe. Ein Teil seiner Männer hatte sich vom Rest getrennt und kehrte nie zurück – und der jüngere Duhaut war einer der Verlorenen. Diesmal brachte La Salle fünf Pferde mit und berichtete, dass er nach Nordosten bis zu den Dörfern der Cenis-Indianer gereist sei. Aber er hatte den Mississippi nicht gefunden.

Der unerschrockene Anführer plante nun, eine Gruppe zusammenzustellen, die mit Proviant und Vorräten auf die fünf Pferde, die er gekauft hatte, nach Fort St. Louis am Illinois River aufbrechen sollte, wo Tonty und seine Männer warteten, und von dort aus weiterreisen sollte nach Kanada und Frankreich, um der Kolonie am Golf Hilfe und Vorräte zu bringen. Er bat Joutel , sich der Gruppe anzuschließen, während Gabriel Barbier mit der Leitung des Forts und der dort verbliebenen Männer und Frauen beauftragt wurde.

Er war ein Mann mit einer Geschichte – dieser Gabriel Barbier . Ungefähr acht Jahre zuvor, als er im Dienst von La Salle stand, war er von anderen Männern überredet worden, mit ihnen zu desertieren. La Salle reiste weiter nach Illinois, baute Fort Crèvecœur und kehrte im Frühjahr 1680 zur Versorgung nach Kanada zurück. In diesem Sommer kam Barbier zu ihm und bettelte darum, zurückgenommen zu werden, und La Salle stimmte zu. Er war 1682 mit seinem Anführer den Großen Fluss hinuntergegangen und ein wertvolles Mitglied der Partei gewesen; und nun, nachdem er durch die Erfahrungen der Expedition in den Golf noch mehr auf die Probe gestellt worden war, wurde er von seinem Anführer in eine Position des Vertrauens und der Macht versetzt.

KAPITEL XXVIII

VOM GOLF BIS ZUM ILLINOIS

Siebzehn Männer machten sich Anfang Januar 1687 zu Fuß auf den Weg von Fort St. Louis am Golf von Mexiko zum anderen Fort St. Louis am Illinois River – eine Reise von über tausend Meilen. Sie kannten keine Wege, denen sie folgen konnten, und es gab auch keine Brücken, auf denen sie die Flüsse überqueren konnten; und zu einem großen Teil mussten sie ihre Nahrung unterwegs einsammeln. Sie müssen dort schlafen, wo die Nacht sie gefunden hat; und sie mussten darauf vertrauen, dass die Indianer, deren Land sie durchquerten, sie als Freunde behandelten und ihnen auf dem Weg Orientierung gaben, denn soweit sie wussten, gab es auf der gesamten Entfernung zwischen den beiden Forts keinen Weißen. Doch sie zogen tapfer weiter – La Salle und sein Bruder und zwei Neffen (Moranget und der junge Cavelier), Joutel und Pater Douay, Duhaut der Ältere und sein Mann L'Archevêque , den er auf der Insel Santo Domingo abgeholt hatte, Liotot, der Chirurg, und Hiens , der Freibeuter, ein kleiner Junge namens Pierre Talon, den La Salle im Dorf Cenis zurücklassen wollte, um ihre Sprache zu lernen, und ein halbes Dutzend andere.

Pater Membré blieb voller Trauer bei Barbier und der Gruppe in der Festung und sah, wie die schmale Gruppe von Entdeckern mit ihren fünf Pferden, beladen mit Vorräten für eine lange und beschwerliche Reise, über die Ebene aufbrach. Es war Winter im Südland, es regnete häufig und Sümpfe und anschwellende Bäche versperrten ihnen den Weg. Manchmal liefen sie tagelang trostlos an den nassen Flussufern entlang auf der Suche nach einer Stelle, an der sie eine Furt durchqueren konnten. Gelegentlich nutzten sie Baumstämme zum Überqueren, aber schließlich stellten sie fest, dass die Bäche so breit waren, dass sie anhielten und tragbare Boote aus Büffelhäuten bauten.

An Wild mangelte es nicht; und die breiten Pfade der Büffel dienten oft als Pfade. Immer wieder traf die Gruppe auf Indianer, mit denen La Salle fast immer Freundschaft schloss. Manchmal besuchte er ihre Jagdlager und rauchte mit ihnen die Friedenspfeife. Zu anderen Zeiten rief er sie zum Rauchen und Essen in sein eigenes Lager und schickte sie dann glücklich mit Geschenken weg. Sie stießen auf Indianerdörfer mit runden Hütten, die wie französische Öfen aussahen, und hielten an, um Perlen und Beile gegen ein Pferd oder Proviant oder Hirschleder gegen frische Mokassins einzutauschen, und lauschten dabei den Geschichten über Indianerkriege oder über die Spanier, von denen ihre Pferde ursprünglich stammten . Sie überquerten die Flüsse, die heute als Colorado und Brazos bekannt sind, und näherten sich dem Trinity River.

Viele Abenteuer erzählten Joutel und der Abbé Tonty in Fort St. Louis am Illinois River. Bevor sie das Dorf Cenis erreichten, sagten sie, trennte sich La Salle von ihnen, wollte ihnen aber bald folgen. Er war bei guter Gesundheit, als er sie verließ. Ohne ihren Anführer waren sie bis zum Dorf Cenis vorgedrungen und von dort aus gingen sie mit Führern in die Städte von Arkansas.

Es war der 24. Juli 1687, genau drei Jahre her, seit sie den Hafen von Rochelle verlassen hatten, als sie endlich ein Dorf am Ufer des Arkansas erreichten und am Flussufer ein Haus sahen, das so gebaut war Häuser der Franzosen und das heilige Kreuz, das direkt in den Himmel ragt. Aus dem Haus am Ufer kamen zwei weiße Männer gerannt, um sie zu begrüßen. Es waren Jean Couture und De Launay, zwei der Männer, die Tonty nach seiner Rückkehr von seiner Reise an die Mündung des Mississippi im Jahr zuvor dort zurückgelassen hatte. Im Dorf tanzten die Arkansas vor dem Abbé den Calumet-Tanz. Später begleitete Couture die fünf Männer bis zum Dorf Kappas , von wo aus sie mit Führern aus Arkansas und einem Indianerkanu den Mississippi und Illinois hinaufgekommen waren und im September Fort St. Louis erreichten.

So kurz war die Geschichte, die die beiden Männer – Bruder und Begleiter von La Salle – Tonty auf dem hohen Felsen von Fort St. Louis erzählten. Der Mann mit der eisernen Hand lauschte jedem Wort mit tiefem Gefühl. Fast zehn Jahre zuvor hatte er sich für La Salle entschieden. Mit ihm und für ihn hatte er buchstäblich gehungert, gelitten und geblutet. Er hatte alles gegeben, was er an weltlichen Gütern hatte, und seine Zeit, seine Kraft, sein ganzes Selbst hatte er in die Waagschale geworfen, um die Pläne seines Häuptlings aufrechtzuerhalten. Er kannte ihn wie nur wenige Männer – er kannte seine Fehler ebenso wie seine großen Fähigkeiten – und er liebte ihn. Oftmals hatte er ihm wegen Handlungen oder Methoden Vorwürfe gemacht, die ihm die Gunst seiner Männer einbüßten; Aber er erkannte auch die Weite und Kraft der Vision seines Anführers.

Immer wieder hatte er geglaubt, sein Freund sei verloren und tot – wie man ihm in den Tagen zuvor so energisch gesagt hatte, als er fast allein im Dorf Kaskaskia lebte. In seiner Verzweiflung hatte er den Großen Fluss bis zu seiner Mündung gejagt – ohne zu träumen, als er dem Quinipissa-Häuptling den Brief in die Hände gab, dass La Salle mehr als hundert Meilen westlich in der Wildnis lag.

Aber jetzt kam die Nachricht, dass La Salle am Leben und bei guter Gesundheit sei und vielleicht seinen Männern auf den Fersen sei und zur Zitadelle auf dem hohen Felsen käme, wo Tonty und Boisrondet und andere treue Kameraden vier lange Jahre lang gewartet und von seiner Ankunft geträumt hatten . Ja, er war auf dem Weg in das Land Illinois, dessen Indianer ihn nie vergaßen, ihn aber als einen ihrer großen Häuptlinge liebten. Er kehrte zu den Kaskaskias zurück , deren Heimat er wiederhergestellt hatte, zu den Shawnees, die er am Fuße seiner großen Festung versammelt hatte, zu den Miamis , deren Häuptling er persönlich von den Toten auferweckt hatte. Auch für Tonty war es wie die Rückkehr von den Toten nach diesen Jahren der Verzweiflung. Und so schenkte er in seiner Freude kaum Rücksicht auf den stillen Mönch im grauen Gewand oder den Seemann Teissier , der sich so lautlos zwischen den Gebäuden der Festung bewegte.

Die gesamte Kolonie am Illinois River – Indianerdörfer und französische Garnison gleichermaßen – herrschte in diesem Winter vor Aufregung. Nichts war zu gut für die Männer von La Salles Partei. Um die Feuer in den Quartieren der Franzosen versammelten sich Männer, um Lieder zu singen und Geschichten von Abenteuern, Schlachten und fremden Ländern zu erzählen und von dem zu sprechen, der kam.

Vor allem in den Indianerhütten herrschte große Freude, denn der weiße Vater war noch am Leben und auf dem Weg zurück zu ihren Dörfern und Lagerfeuern. Auch unter den Stämmen herrschte Freude über die Raubzüge der Illinois. Es schien, als würde die Geißel der Irokesen endgültig aus dem Tal vertrieben, als eine Gruppe von Illinois die Hütten den Frauen und alten Männern überließ und sich auf die Spur der Irokesen machte. Kopfhaut brachten sie nach Hause und zu Gefangenen, und viele verbrannten sie, mit denen sie Zinsen für ihre Racheschuld zahlten. Mit Tonty in New York hatten sie die Felder der Irokesen verwüstet, und nun ging ihr Glück weiter. So freuten sich weiße und rote Männer gemeinsam.

Die fünf Männer, die im September zur Festung gekommen waren, wollten unbedingt ihre Reise fortsetzen, und Tonty versprach ihnen jede Hilfe, die in seiner Macht stand, sobald der Frühling die Reise ermöglichen würde. Aber bei all ihrer Eile schien es jemanden zu geben, der noch ängstlicher zu sein schien. Der Priester Allouez, der sich von seiner Krankheit erholt hatte, verlor offenbar nicht seine Furcht vor der Annäherung von La Salle. Der rasch herannahende Frühling steigerte seine kaum verhehlte Unruhe; und als im März der Weg einigermaßen frei wurde, schlüpfte der schwarzgekleidete Jesuit als erster aus der Festung und das Tal hinauf zu seinen Freunden am See.

Dann machte sich der Abbé mit seinen vier Begleitern zum Aufbruch bereit. Aber sie müssen über Mittel verfügen, um auf dem Weg nach Kanada und Frankreich Lebensmittel und Transportmittel zu kaufen. Also zeigte der Abbé Tonty einen Brief aus La Salle, in dem er Tonty bat, seinen Bruder, den Abbé, mit Geld oder Pelzen auszustatten. Tonty versorgte sie mit größter Zufriedenheit mit allem, was sie für die Reise brauchten, und Ende März verließen die fünf Männer von La Salles Gruppe mit Führern als Begleitung den hohen Felsen auf ihrer langen Heimreise.

Nachdem er sich von den fünf Männern verabschiedet hatte, wandte Tonty seine Aufmerksamkeit der Festung zu, die für die Ankunft des Meisters vorbereitet werden musste. Monat für Monat verging und er hoffte, jeden Tag ein oder mehrere Kanus zu sehen, die das Wasser des Illinois weit flussabwärts durchschnitten. Der Sommer verging und es gab kein La Salle. Der September kam, ohne den Anführer mitzubringen. La Salle war nun ein Jahr hinter seiner Vorhut. Doch eines Tages tauchte auf dem Bach unterhalb der Festung ein Kanu auf, in dem sich ein Franzose und zwei Indianer befanden. Voller Aufregung beeilte sich Tonty, sie willkommen zu heißen. Es war nicht La Salle: Es war Tontys Mann Couture von der Post in Arkansas. Aber sicherlich kam er mit Neuigkeiten aus La Salle; und so sprangen schnelle Fragen auf Couture zu, fast bevor er Tontys Stimme hörte.

KAPITEL XXIX

Als er sie verließ

Couture brachte tatsächlich Neuigkeiten über La Salle. Innerhalb der Palisadenmauern, die den Felsen von Fort St. Louis krönten, lauschte der Mann mit der eisernen Hand nun einer Geschichte, die seine Seele vor Wut und Verzweiflung verhärtete. Der Abbé und Joutel hatten ihm viel erzählt, aber sie hatten ihm nicht alles erzählt. Aus dem, was Couture sagte, ging hervor, dass der Abbé und seine Gruppe, als sie den Posten auf der Arkansas erreichten, einige Dinge erzählt hatten, die sie später in Fort St. Louis nicht erzählten. So erfuhr Tonty durch Coutures Bericht, ergänzt durch weitere Details, die er später erfuhr, den wahren Kern der Geschichte, die Abbé und Joutel nur zur Hälfte erzählt hatten.

Der Faden der verborgenen Geschichte reichte bis zum Beginn der Reise von Frankreich zurück. Auf dem Weg über das Meer herrschte unter den Männern eine wachsende Unzufriedenheit, die sich bei der Landung zu Intrigen ausweitete. Während Joutel mit einem Teil der Kolonie die Vorräte am Ufer bewachte und Holz für die Festung flussaufwärts zurechtlegte, ermöglichte ihm ein Geständnis eines der Männer, eine Verschwörung zu vereiteln, die darauf abzielte, Le Gros, der das Lagerhaus bewachte, und sich selbst zu töten Stehlen Sie Waffen und Vorräte aus dem Lagerhaus und der Wüste in die Wildnis. Joutel übergab die Männer an La Salle, aber der Vorfall machte auf seine eigene ahnungslose Natur keinen ausreichenden Eindruck. Als Duhaut einige Monate später allein von La Salles erster Expedition zurückkam, begnügte sich Joutel damit, ihn einige Tage lang aufmerksam zu beobachten. Als La Salle zu seiner zweiten Expedition aufbrach, blieb Duhaut bei den Männern in der Festung zurück.

Als sich die Wochen der Abwesenheit von La Salle zu Monaten verlängerten, breitete sich Unzufriedenheit unter den Mitgliedern der Kolonie im Fort aus. Wahrscheinlich ging La Salle verloren; Jedenfalls sah es nicht so aus, als würde er zurückkommen. Kleine Gruppen von Männern zogen sich zusammen, um über ihr Unrecht zu sprechen. Warum nicht La Salle verlassen und die Sache selbst in die Hand nehmen? Duhaut ging mit aufmunternden Worten an die Unzufriedenen heran: Unter seiner Leitung würden die Dinge anders sein. Duhaut hatte beträchtlichen Reichtum in das Unternehmen der Kolonie von La Salle gesteckt und viel über das Unglück gemurrt, das über sie gekommen war. aber trotz aller Verluste der Kolonie war es ihm gelungen, einen großen Vorrat an Waren zu behalten – Messer, Beile, Stoffe für Kleidungsstücke und für den indianischen Handel – und diese und viele andere Besitztümer versprach er nun, unter denen aufzuteilen, die es wollten Folge ihm.

Joutel , der von dem Gemurmel der Männer und den Intrigen Duhauts erfuhr , rief den Verschwörer mit scharfen Worten vor sich her. Später hatte er das Gefühl, dass er La Salle einen größeren Dienst erwiesen hätte, wenn er Duhaut auf der Stelle hingerichtet hätte. Nachdem er mit den Männern gesprochen und ihre Unzufriedenheit besänftigt hatte, versuchte er, weiteren Ärger zu verhindern, indem er sie eifrig bei der Arbeit rund um die Festung beschäftigte. Es dauerte nicht lange nach diesem Vorfall, dass La Salle von seiner Suche nach dem verlorenen Fluss zurückkam.

Die Gruppe, die zur letzten Expedition im Januar 1687 aufbrach, war nicht groß, aber sie birgt große Gefahrenpotenziale. In der Partei gab es treue Freunde von La Salle – darunter seinen hitzköpfigen Neffen Moranet . Aber auch Duhaut war mit seinem ergebenen Werkzeug L'Archevêque und seinem Freund Liotot , dem Chirurgen, vor Ort – einem Mann, der wie Duhaut Geld in das Kolonialunternehmen investiert hatte und über den Fortgang der Dinge zutiefst verärgert war.

Mehr als zwei Monate lang reisten die siebzehn Männer gemeinsam durch die Prärie, bis sie sich etwa Mitte März einem Ort näherten, an dem La Salle auf seiner früheren Reise in die Cenis-Dörfer einige Vorräte versteckt hatte.

Sie hielten an und La Salle schickte eine Gruppe Männer aus, um das Essen ins Lager zu bringen. Am fünfzehnten des Monats machte sich diese siebenköpfige Gruppe auf den Weg – Duhaut und L'Archevêque , Liotot und Hiens , der Freibeuter, Teissier , ein Diener von La Salle namens Saget , und Nika, eine treue Shawnee, die den Ozean zweimal überquert hatte mit La Salle und diente ihm mit unsterblicher Hingabe. Sie mussten nicht weit gehen; aber sie fanden das Essen verdorben und unbrauchbar.

Auf dem Rückweg sah der scharfäugige Shawnee zwei Büffel, schlich hinter ihnen her und tötete sie beide. Die Männer blieben dort stehen, wo sie waren, und schickten Saget zurück ins Lager, um La Salle zu sagen, dass sie das Fleisch nach Hause bringen würden, wenn er Pferde schicken würde. Als bei Einbruch der Dunkelheit niemand zurückkam, schliefen die sechs Männer auf dem Boden. Am nächsten Tag zerschnitten sie die Büffel und legten das Fleisch zum Trocknen auf Gerüste. Dann legten sie, wie es bei Jägern üblich war, die Markknochen und einige andere Teile für den eigenen Gebrauch beiseite.

Saget kehrte mit drei Männern – Moranet , De Marie und Meusnier – und mit Pferden, auf denen er das Fleisch verpacken konnte, aus dem Lager zurück . Nun war Moranet , der Neffe von La Salle, bei den Männern, zu denen er an diesem Tag kam, kein Favorit. Als er wochenlang am Ufer der Bucht krank gewesen war, weil ihm der Pfeil, den ein überstürztes Abenteuer in seine Schulter gesteckt hatte, in die Schulter geschossen war, hatte sich Liotot , der Wundarzt, mit einer Geduld um ihn gekümmert, die kein Mann der Kolonie vergessen konnte; Doch als es ihm wieder gut ging, machte sich sein mürrisches Temperament sogar an dem Arzt bemerkbar, der ihn behandelt hatte. Trotzdem mochte Duhaut ihn nicht, denn er hatte das Gefühl, dass ihn der lange Monat der Not, als er sich in der Wildnis verirrt hatte, nicht erlebt hätte, wenn Moranet geduldiger auf ihn gewartet hätte.

Kein Märzwind war jemals heftiger als dieser junge Mann, als er in das kleine Lager ritt und sah, wie das Fleisch auf den Gerüsten trocknete und die Männer die Markknochen und andere Stücke für sich bewachten. In grundloser Wut ergriff er nicht nur das Dörrfleisch, sondern auch die eigene Portion der Männer. Er werde sich danach um das Fleisch kümmern, sagte er, und sie es nicht mehr auffressen lassen, wie sie es in der Vergangenheit getan hätten.

Seine Worte trafen den Hass dieser wilden Männer wie ein Streichholz, das ins Schießpulver geworfen wurde. Die fünf zogen sich zurück und berieten sich. Zu lange hatten sie es mit diesem jungen Emporkömmling ertragen. Die Nacht brach herein, aber die Verschwörer schliefen nicht. Liotot stand leise auf, während Moranet , Nika und Saget tief und fest schliefen. Mit dem Beil in der Hand schlich sich der Chirurg neben sie und spaltete mit einem einzigen Schlag den Kopf des verhassten Moranet auf . Nika und Saget behandelte er auf die gleiche Weise.

Währenddessen kauerten die anderen Verschwörer mit Waffen in der Hand und waren bereit zu schießen, falls jemand Widerstand leistete. Oranget war der Einzige, der sich bewegte. Halb im Sitzen schnappte er nach Luft und versuchte zu sprechen. Dann zwangen die Mörder ihn unter Androhung der Todesstrafe, die Ermordung seines Freundes zu beenden, um den unschuldigen De Marie, der Moranet begleitet hatte , zu belasten.

Der Mord hatte auf der Reise, die fast jede andere Katastrophe erlebt hatte, endlich sein schreckliches Gesicht erhoben. Könnte es dort aufhören? Die Männer berieten sich gemeinsam. Wie hoch wären ihre Lebenschancen, wenn die Nachricht ihren Anführer erreichen würde? Ihre einzige Rettung bestand nun darin, sofort ins Lager zu gehen und sowohl La Salle als auch Joutel zu töten . Sie machten sich auf den Weg, aber der Fluss, der durch den starken Regen angeschwollen war, zwang sie, eine Pause einzulegen, um ein Floß für den Transport ihres Fleisches zu bauen. Während sie so verspätet waren, hörten sie plötzlich, als wäre es ein Signal, einen Schuss abfeuern. Duhaut und sein Mann L'Archevêque überquerten schnell den Fluss und einen Moment später sahen sie La Salle in der Ferne kommen, um sie zu suchen. Duhaut ließ sich ruhig ins Unkraut fallen und wartete auf seine Ankunft. La Salle, begleitet vom Recollet Douay, näherte sich, erblickte L'Archevêque und rief ihm zu, er solle wissen, wo Moranet sei. Ohne seinen Hut abzunehmen oder seinen erstaunten Häuptling auf andere Weise zu grüßen, antwortete L'Archevêque in gleichgültigem Ton, dass er irgendwo am Fluss entlang sei. La Salle ging mit einem Tadel auf ihn zu. L'Archevêque antwortete mit noch größerer Unverschämtheit. Dann ertönte der Knall einer Waffe aus dem hohen Gras, in dem sich Duhaut versteckte, und La Salle fiel mit einem Kopfschuss zu Boden. Ohne ein Wort starb er.

Sprachlos blieb Douay stehen. Die anderen kamen angerannt, und Liotot rief in verächtlichem Jubel über die Leiche von La Salle: „Da liegst du ! " Toller Bashaw! Da liegst du !"

Hiens , der raue Mann, der er war, empfand vielleicht bereits Reue – denn La Salle war gut zu ihm gewesen. Teissier, der Seemann, der sich weder an der Verschwörung beteiligt hatte noch versucht hatte, sie zu verhindern, sah zu, wie die Männer den gefallenen Anführer auszogen und seine Leiche in die Büsche schleppten.

Dort ließen sie ihn, ihren Anführer, eine Beute der Luftvögel und der Wölfe der Ebene, unbegraben in der hintersten Ecke des Großen Tals zurück, von dessen Gewässern, Prärien und Menschen er nie wieder träumen würde.

KAPITEL XXX

Weiße und rote Wilde

Im Hauptlager an jenem verhängnisvollen 19. März hatte La Salle Joutel mit vier anderen verlassen – dem Abbé, dem jungen Cavelier , Pierre Talon und einem weiteren kleinen Jungen namens Barthelemy. Tagsüber hatte Joutel von Zeit zu Zeit Feuer auf einer Anhöhe in der Nähe des Lagers angezündet, damit La Salle, falls er sich verirrte, problemlos zurückkehren konnte. Er war gegen Abend allein auf einem dieser kleinen Hügel und schaute auf die Pferde hinunter, die auf dem Feld in der Nähe grasten , als jemand in großer Aufregung auf ihn zugelaufen kam. Es war L'Archevêque , ein Mann, der Joutel gegenüber stets freundlich eingestellt gewesen war . Es gäbe sehr schlechte Nachrichten zu verkünden, sagte er verwirrt und fast außer sich.

"Was ist es?" fragte Joutel schnell alarmiert.

„La Salle ist tot", antwortete er, „und auch Moranet , sein Neffe und zwei andere." Er fügte hinzu, dass sie ermordet worden seien und dass die Attentäter geschworen hätten, auch Joutel zu töten.

Joutel stand benommen da und wusste kaum, was er sagen oder tun sollte. Sollte er in den Wald fliegen und darauf vertrauen, dass die Vorsehung ihn in die Zivilisation führt? Nachdem er das Lager ohne seine Waffe verlassen hatte, war das Leben in der Wildnis kaum sicherer als im Lager bei den Mördern. Aber, fügte L'Archevêque hinzu , die Verschwörer hätten auf dem Heimweg beschlossen, Joutel nicht zu töten , es sei denn, er leiste Widerstand. Schließlich war es vielleicht besser, in Gesellschaft weißer Männer den Tod zu riskieren, als allein in der Wildnis; und so kehrten die beiden Männer zum Lager zurück.

Dort fanden sie den Abbé Cavelier betend in einer Ecke, und Pater Douay war immer noch überwältigt und wagte aus Angst vor den Mördern nicht, mit Joutel zu sprechen. Die Mörder waren wild ins Lager gekommen und hatten die Habseligkeiten von La Salle beschlagnahmt. Duhaut hatte die Führungsposition übernommen.

„Du kannst mich töten, wenn du willst", sagte der Abbé, „aber gib mir eine halbe Stunde, um mich auf das Ende vorzubereiten."

Aber die weißen Wilden hatten genug vom Töten. Wenn alle den neuen Führern nachgeben würden, könnten sie vielleicht ihr Leben behalten. Es gab nichts anderes zu tun. Diejenigen, die nicht auf dem Grundstück waren, standen in dieser Nacht Wache; und in den langen Stunden trafen Joutel und der Abbé, der junge Cavelier und Douay eine feierliche Vereinbarung, einander bis zum Tod beizustehen – der ihnen nun sehr nahe schien.

Am nächsten Morgen packte die verlassene dreizehnköpfige Gruppe unter Duhauts Führung ihre Lagervorräte zusammen und setzte ihre Reise in Richtung des Dorfes Cenis fort. Ein gemeinsames Band – das Bedürfnis, der Wildnis zu entfliehen – hielt sie zusammen. Doch selbst diese Bindung war von Ängsten, Hass und Misstrauen durchzogen. Joutel , dessen Seele sich in Rebellion erhob, wollte die Mörder im Schlaf töten, doch der Abbé riet ihm davon ab.

Unter der Führung von Indianern überquerten sie bald den Trinity River, und als sie sich der Stadt Cenis näherten, wurden vier von ihnen – Joutel , Liotot , Hiens und Teissier – im Voraus geschickt, um Lebensmittel zu kaufen. Sie lagerten nachts außerhalb des Dorfes; und am nächsten Morgen wurden sie von Häuptlingen und Ältesten in großer Pracht mit bemalten Ziegenfellen über den Schultern, Federkränzen auf dem Kopf und schwarzen und roten Farbstreifen auf ihren Gesichtern empfangen und in die Stadt begleitet.

Die Cenis lebten in runden Hütten, die wie altmodische Bienenstöcke geformt waren und aus einem Kreis umgebogener und oben zusammengebundener Stangen bestanden. Die Stangen waren mit Weidenruten durchflochten und mit einer dicken Grasdecke bedeckt. In der Mitte des Bodens bauten die Indianer ihr Hüttenfeuer, das die mehreren in der Hütte lebenden Familien gemeinsam nutzten.

Joutels drei Gefährten verließen ihn bald, um mit den Dorfbewohnern Handel zu treiben, während diese ins Lager zurückkehrten. Allein in dem Dorf der Menschen, vor denen er aufgrund seiner Erfahrungen an den Küsten des Golfs Angst hatte, machte Joutel seine kleinen Geschäfte, hörte zu und nickte den Häuptlingen zu, als sie ihm von dem Krieg erzählten , den sie gegen sie führen würden Feinde.

Aus Angst, sie könnten seine Waren stehlen, schlief Joutel eines Nachts nicht gut. Gegen ein Uhr warf er sich gerade über seine Roben, als er hörte, wie sich jemand in seiner Nähe bewegte. Als er aufblickte, sah er im Schein des Feuers in der Mitte der Hütte einen Mann, der bis auf die Tätowierungsspuren auf seinem Körper nackt war. Dieser Fremde kam und setzte sich wortlos zu ihm. In seinen Händen hielt er einen Bogen und zwei Pfeile. Joutel beobachtete ihn einen Moment und sprach dann. Der Mann antwortete nicht. Joutel griff nach seiner Pistole; Daraufhin erhob sich der Mann, ging zum Feuer und setzte sich wieder.

Völlig verwirrt erhob sich Joutel von seinem Bett und folgte dem Mann, während er ihn die ganze Zeit aufmerksam musterte. Der Mann erwiderte seinen Blick, dann warf er seine Arme um Joutel , umarmte ihn und sprach mit französischen Worten zu ihm. Es handelte sich um Ruter , einen der Seeleute von La Salle, der ihn zwei Jahre zuvor wegen der Wälder und des wilden Lebens in den Indianerlagern verlassen hatte. Ein anderer Deserteur, Grollet , hatte aus Angst vor La Salle Angst, ihn zum Grashaus zu begleiten, in dem Joutel schlief.

Zwei Jahre lang hatten diese weißen Männer wie die roten Männer gelebt, sie hatten indische Frauen geheiratet und sie hatten in den Indianerkriegen gekämpft. Es gab nur noch wenig, was Ruter von seinen düsteren Gefährten unterschied – außer der lange vergrabenen Sehnsucht nach seinem eigenen Volk, die ihn dazu veranlasste, nach Joutel zu kommen und gespannt seiner Abenteuergeschichte zu lauschen. Die Geschichte von La Salles Tod schien ihn zutiefst zu berühren, und in der vergangenen Nacht unterhielten sich die beiden Männer lange Zeit am Feuer in der Indianerhütte. Später kam auch Grollet , um Joutel zu besuchen und mit ihm zu sprechen .

Joutel blieb mehrere Tage im Dorf. Dann kamen Boten aus dem Lager und teilten mit, dass die Anführer beschlossen hätten, zur Festung an der Bucht von St. Louis zurückzukehren, dort ein Schiff zu bauen und nach Westindien zu segeln. Mit den Vorräten, die er gesichert hatte, kehrte Joutel in das Lager der Mörder zurück, wo er und der Abbé gemeinsam Rat berieten. Es war unerträglich, mit denen, die La Salle getötet hatten, im selben Lager weiterzuleben, und so beschlossen sie, ihre mörderischen Gefährten zurückzulassen und mit denen, die nicht an der Verschwörung beteiligt waren, weiter in Richtung Mississippi zu gehen. Sie sagten Duhaut, sie seien zu müde, um die Reise zurück zum Golf anzutreten, und würden bei den Cenis bleiben, worauf Duhaut schließlich zustimmte.

Hiens und mehrere andere, die ins Dorf geschickt worden waren, um Pferde zu holen, um Vorräte zurück zur Festung zu transportieren, waren noch nicht zurückgekehrt. Während sie warteten, erzählte ihnen einer der französischen Deserteure, der von den wahren Plänen des Abbé und Joutel wusste, Duhaut und fügte hinzu, dass er glaube, dass der Mississippi nicht weit im Nordosten liege; Daraufhin änderte Duhaut seinen Plan und beschloss, dass auch er an den Mississippi gehen würde.

Die Nachricht von Duhauts Entscheidung erreichte Hiens bald im Dorf Cenis, und einige Tage später kehrte er in Begleitung von Ruter und anderen ins Lager zurück . Hiens ging direkt nach Duhaut und erklärte, dass es nicht sicher sei, zum Mississippi und weiter zu den weißen Siedlungen zu gelangen. Er selbst wollte nicht gehen und verlangte seinen Anteil an der Ware. Als Duhaut sich weigerte, hob Hiens seine Waffe, feuerte und sagte: „Du Elender! Du hast meinen Meister ermordet!" Duhaut fiel tot um. Fast im selben Moment eröffnete Ruter , der halbwilde Deserteur, das Feuer auf Liotot und verwundete ihn tödlich. So fanden die Mörder von La Salle und Moranet ihr Ende.

Hiens hatte nun das Kommando über die Gruppe, die auf elf Personen geschrumpft war. Der alte Freibeuter hatte den Cenis versprochen, mit ihnen in den Krieg zu ziehen, und machte sich zusammen mit Ruter und Grollet und drei oder vier anderen Franzosen mit den jubelnden Indianerkriegern auf den Weg und ließ den Abbé und seine Gruppe im Dorf bei den Frauen und alten Männern zurück . Ende Mai kehrten die Krieger zurück, erfüllt von einem großen Sieg, den ihnen die Waffen der weißen Verbündeten ermöglicht hatten.

Der Abbé und Joutel und ihre kleine Gruppe baten nun um Erlaubnis, sich zu trennen und zu versuchen, zum Mississippi überzugehen. Hiens gab seine Zustimmung mit großem Widerwillen. Er selbst hatte keine Lust, sein Leben zu riskieren, indem er zu zivilisierten Menschen zurückkehrte; und das wilde, wilde Leben in den Indianerdörfern übte eine starke Faszination auf ihn aus. Er teilte Vorräte und Waren mit den Ausreisenden auf, gab ihnen sechs Pferde zum Transport ihrer Waren und machte sie mit vielen Ratschlägen auf den Weg. So machten sie sich – eine siebenköpfige Gruppe – auf den letzten langen Marsch in Richtung der Siedlungen der Weißen. Hiens und L'Archevêque , Meusnier und Pierre Talon schlossen sich den Indianern an.

Unzählig waren die Abenteuer der sieben Reisenden. Sie passierten eine Stadt nach der anderen und hielten oft an, um die Friedenspfeife zu rauchen, Waren zu tauschen und Neuigkeiten über den Weg zu sammeln. Eines Morgens ertrank De Marie beim Baden im Fluss in der Nähe eines Indianerdorfes, bevor die Indianer ihn retten konnten. Die sechs zogen weiter, geführt von indischen Führern, bis sie schließlich mit großer Freude die Niederlassung von Couture in Arkansas erreichten.

Couture war der letzte Mann in Amerika, dem sie die Geschichte von La Salles Tod erzählten. Der Abbé beschloss, es sowohl vor den Indianern als auch vor Tonty geheim zu halten und es nicht einmal in Kanada zu erzählen, sondern die Nachricht über die Meere mit an den französischen Hof zu nehmen. Aus Angst, dass der junge Barthelemy ihr Geheimnis preisgeben würde, ließen sie ihn bei Couture. Der kleine Junge erzählte den Männern am Posten in Arkansas viele Dinge. Und jetzt erzählte Couture dem Kommandanten von Fort St. Louis an der Illinois die ganze Geschichte.

KAPITEL XXXI

TONTYS HELDENHAFTES UNTERNEHMEN

Couture hatte der Geschichte von Abbé und Joutel die fatale Fortsetzung hinzugefügt . Tonty hörte es mit einer Mischung aus Verzweiflung und Wut. Er dachte an La Salle, wie er tot und unbegraben im Unkraut an einem Fluss lag, der Hunderte Meilen weit in der Wildnis lag; und er dachte an die fünf Männer, die in seine Festung gekommen waren und ihm, dem vertrauenswürdigen Leutnant ihres Herrn, die Wahrheit vorenthalten hatten. La Salle war also bei guter Gesundheit, als er sich auf der anderen Seite der Cenis-Dörfer von ihnen trennte! Er erinnerte sich jetzt an das seltsame Schweigen von Pater Douay. Der Mönch konnte nicht sagen, dass es La Salle gut ging, als er ihn verließ.

Aber Tontys Zorn erhob sich am stärksten gegen diesen Priesterbruder – den Abbé, der Joutel daran gehindert hatte, sich an den Mördern zu rächen, der Tontys Gastfreundschaft den ganzen Winter über angenommen und ihn betrogen hatte und der danach mit seinem Geheimnis nach Frankreich davongelaufen war Er bettelte unter einem Brief seines toten Bruders um Vorräte.

Aber was ist mit der kleinen Garnison am Ufer des Golfs, dem verlassenen Fragment der Kolonie unter Gabriel Barbier im anderen Fort St. Louis? Tonty dachte an Pater Membré und an die Strapazen, die sie gemeinsam durchgemacht hatten. War es zu spät, sie zu retten? Ein Jahr war vergangen, seit der Abbé und seine Gruppe das Fort am Illinois erreicht hatten. Es war fast zwei Jahre her, seit sie Barbier verlassen hatten ; Dennoch könnte die Kolonie noch am Leben sein. Der Meister war weg und es gab niemanden mehr, der sie retten konnte, außer ihm selbst.

auf den Abbé , als er sich darauf vorbereitete, einen Rettungstrupp zur Festung am Golf zu führen . Darüber hinaus hatten die Indianerstämme zwischen Illinois und dem Meer dem Abbé versichert, dass sie sich zu einem Angriff auf die Spanier im Südwesten zusammenschließen würden. Möglicherweise konnte er mehr tun, als die Kolonie zu retten: Es könnte sein, dass er die lang gehegte Hoffnung von La Salle erfüllen könnte, indem er eine Streitmacht aus Franzosen und Indianern zusammenstellte und in das Gebiet der verhassten Spanier einmarschierte.

Zweimal war Tonty an den Golf gereist – einmal mit La Salle und einmal auf der Suche nach ihm. Nun blieb ihm nur noch die Rettung der Überlebenden, die nach La Salles Tod nahezu hoffnungslos geworden waren. Er schickte Couture auf die Spur zurück, auf der der Abbé und seine Gruppe gekommen waren, um so viele Informationen wie möglich zu erhalten. aber

Coutures Kanu wurde hundert Meilen von der Festung entfernt zerstört und er kehrte ohne Nachricht zurück.

Dann kaufte Tonty einen Indianerunterstand und machte sich Anfang Dezember mit vier oder fünf Franzosen, einem Shawnee und zwei Indianersklaven auf den Weg. Am 17. sah ihn ein Dorf von Illinois-Indianern an der Flussmündung vorbeiziehen; und einen Monat später, nahe der Mündung des Arkansas, begrüßte ihn der Kappa-Stamm mit großer Freude und tanzte vor ihm das Calumet. Er konnte sich nicht lange in den Städten von Arkansas aufhalten, sondern drang weiter flussabwärts in das Land der Taensas und Natchez vor.

Mit einer Gruppe Taensas verließ er den Mississippi und machte sich auf den Weg nach Westen. Nachdem sie einige Tage durch das Land gereist waren, gelangten sie in das Dorf der Nachitoches , wo sie Geschenke verteilten und Frieden mit den Indianern schlossen. An dieser Stelle nahmen sie Führer und gingen den Roten Fluss hinauf, bis sie das Dorf Cadadoquis erreichten , das auf dem Weg lag, auf dem sich Abbé und Joutel und ihre Gefährten aus der Wildnis herausgekämpft hatten. Hier erzählten die Indianer Tonty, dass Hiens und seine Gruppe weiter entfernt in einem Dorf namens Nabedache waren . Diese Nabedaches waren dieselben Indianer, die Joutel und der Abbé die Cenis nannten. Endlich näherte sich Tonty dem Ziel seiner Expedition; Noch ein paar Tage, und er würde sich dem Teil der La-Salle-Partei anschließen und zum Golf vordringen.

Aber was war das für ein Gemurmel? Die Franzosen weigerten sich rundweg, weiter zu gehen; nur einer von ihnen würde bei seinem Anführer bleiben. Tonty würde trotzdem weitermachen. Mit seinem einzigen weißen Mann, dem Shawnee, den beiden Sklaven und fünf Cadadoquis als Führern nahm er Anfang April seinen Marsch wieder auf. Der Franzose verirrte sich von der Party und es dauerte zwei lange Tage, bis er sie wiederfand. In der Zwischenzeit hatte er bei der Überquerung eines Flusses den größten Teil ihres Pulvers verloren – ein großes Unglück.

Noch vor Monatsende erreichten Tonty und seine Gruppe das Dorf Nabedache , wo der Abbé und seine Gefährten zwei Jahre zuvor Hiens und seine Mannschaft bei den Indianern zurückgelassen hatten. Die Indianer erzählten verschiedene Geschichten über die Franzosen, nach denen Tonty suchte. Einige sagten, Hiens und seine Gruppe seien mit ihren Häuptlingen losgezogen, um gegen die Spanier zu kämpfen; während andere ihm erzählten, dass drei von ihnen von einem anderen Stamm getötet worden seien und der Rest auf der Suche nach Pfeilspitzen verschwunden sei. Tonty selbst kam zu dem festen Schluss, dass die Cenis die Überlebenden getötet hatten.

Er befand sich nun viele Meilen hinter dem Roten Fluss und nur noch wenige Tagesreisen vom Tatort entfernt, an dem La Salle ermordet wurde. Weitere achtzig Meilen würden ihn bis zur Festung an der Bucht von St. Louis führen. Tonty bettelte um Führer, aber die Cenis gaben ihm keine. Hiens und seine Männer waren nicht zu finden. Er schaute auf seinen verbleibenden Vorrat an Schießpulver, das sowohl für die Ernährung als auch für die Verteidigung so wichtig war. Es war fast weg. Sogar Tonty konnte nicht weiter gehen. Schweren Herzens gab er den Indianern einige Beile und Glasperlen im Tausch gegen spanische Pferde und wandte sich wieder dem Mississippi zu.

Es war der 10. Mai, als sie das Dorf Cadadoquis am Roten Fluss erreichten und hier eine Woche Rast machten, um ihre Pferde auszuruhen. Dann machten sie sich mit einem indischen Führer erneut auf den Weg zum Dorf Coroa . In all den zehn Jahren, die Tonty in der Wildnis verbracht hatte, hatte er noch nie solche Strapazen erlitten – nicht einmal während seiner bitteren Erfahrungen im Winter 1680, als er sich mit Pater Membré und seinen jungen französischen Gefährten aus den Fängen der Irokesen herausgekämpft hatte durch das Tal des Illinois und kämpfte sich gegen Kälte und Hunger bis in das freundliche Pottawattomie- Dorf an der Green Bay vor.

Während der Führer eines der Pferde am Zaumzeug durch einen Sumpf führte, stellte er sich vor, von einem Alligator verfolgt zu werden, und versuchte, auf einen Baum zu klettern. In seiner Eile verhedderte er das Zaumzeug von Tontys Pferd, das ertrank. Aus Angst vor Bestrafung machte sich der Führer auf den Weg zu seinen Leuten und ließ die Gruppe allein ihren Weg finden.

Mit Tonty an der Spitze überquerten sie auf die eine oder andere Weise acht oder zehn anschwellende Bäche. Überall schien das Land versunken zu sein, denn die Frühlingsfrischen brannten. Sie gaben ihre Pferde auf und trugen ihr eigenes Gepäck, wobei sie Tag für Tag oft bis zu den Knien im Wasser wateten. Sie mussten schlafen, ihre Feuer anzünden und ihr Essen auf den zusammengelegten Stämmen umgestürzter Bäume kochen. Nur einmal fanden sie in den endlosen Meilen des überschwemmten Landes so etwas wie trockenes Land.

Ihr Essen ging zur Neige und sie fraßen ihre Hunde. Es gab nichts mehr und keine wilden Tiere waren in der nassen Tristesse zu finden. Ein, zwei, drei Tage vergingen, ohne etwas zu essen – nur das Wasser überall. Am Abend des dritten Tages, des 14. Juli, kamen sie schließlich im Dorf Coroa an, wo die Häuptlinge sie so viele Tage lang feierten, wie sie gefastet hatten. Hier fanden sie zwei der Männer, die desertiert waren; und gegen Ende des Monats machten sie sich alle gemeinsam auf den Weg in die Städte an der Mündung des Arkansas River. Die Monate der Not hatten sogar Tontys

Ausdauer geschwächt, und nun lag er fast zwei Wochen lang krank und mit Fieber unter diesen freundlichen Indianern.

Es war Ende September 1689, als Tonty endlich den hoch aufragenden Felsen von Fort St. Louis erreichte und auf seinen freundlichen Gipfel kletterte, um sich auszuruhen. Während der ermüdenden zehnmonatigen Expedition hatte er weder die Gebeine seines Freundes gefunden, noch seine Festung am Golf erreicht, noch eine Invasionsmacht in das Land der Spanier geführt. Aber er hatte alles in seiner Macht Stehende getan, um die letzte Garnison seines Anführers zu retten.

Der Abbé hatte seinen eigenen Bruder unbegraben in der Wildnis zurückgelassen, hatte bewusst mehr als ein Jahr lang versucht, die Überlebenden in der Festung zu retten, und war mit durch Betrug und Täuschung erbeuteten Geldern nach Frankreich gereist. Aber fast ein Jahr lang hatte Tonty fast allein allen Gefahren und Nöten getrotzt, in einem letzten mutigen, aber erfolglosen Versuch, den erbärmlichen Überrest der unglücklichen Kolonie seines Freundes in der Bucht von St. Louis zu retten.

KAPITEL XXXII

Der erbärmliche Überrest

Vielleicht war es auch gut, dass Tonty gezwungen war, umzukehren, denn er hätte wenig Gutes tun können, selbst wenn es ihm gelungen wäre, weiterzumachen und die Bucht von St. Louis zu erreichen. Als er im Dorf Cenis oder Nabedache um Führer bat, waren die Spanier bereits von Mexiko aus aufmarschiert, um die französische Festung und ihre kleine Garnison anzugreifen, und lagerten auf dem Hügel, wo La Salle Barbier mit der Aufsicht über die Überlebenden betraut hatte. Aber andere waren ihnen vorausgegangen und sie fanden die Gebäude in Trümmern. Hier und da waren Kisten und Vorräte verstreut; Türen wurden aus den Angeln gehoben, Fässer aufgebrochen und auf der nahegelegenen Wiese lagen Leichen von Franzosen.

Am 1. Mai betraten zwei Männer das Lager der Spanier. Diese beiden Fremden, bemalt und wild und in Büffelfelle gekleidet, waren L'Archevêque und Grollet , der Diener von Duhaut und Ruters halbwilder Begleiter. Sie waren gekommen, um sich den Spaniern zu ergeben, anstatt ihr elendes Dasein unter den Indianern länger zu ertragen.

Drei Monate zuvor, so erzählten sie dem spanischen Offizier, sei die dürftige Garnison unter Barbier , die sich gerade von einer Pockenbelagerung erholt hatte, von heulenden Karankawan -Indianern angegriffen worden, die die Einwohner massakrierten und die Festung plünderten. Gabriel Barbier und Pater Membré wurden beide sofort getötet. Barbiers Frau mit einem drei Monate alten Kind an der Brust wurde eine Zeit lang von den indischen Frauen gerettet; Doch als die Krieger zurückkehrten und sie noch am Leben fanden, ermordeten sie auch sie, packten das Baby an den Füßen und schlugen ihm das Gehirn gegen einen Baum heraus.

So hatte die Kolonie für das Vergehen von Moranet und seinen Männern bezahlt, als sie zum ersten Mal an den Küsten der Roten Männer landeten und das Lager der Eingeborenen ihrer Kanus und Decken beraubten. Nach dem Massaker behaupteten L'Archevêque und Grollet , sie seien zur Festung gekommen und hätten vierzehn der Toten begraben.

Viele Jahre später hörte Tonty eine bemerkenswerte Geschichte von einigen, die dem Mord in der Festung an der Bucht entkommen waren. Zu denen, die bei Barbier geblieben waren, gehörte die Witwe Talon, deren Mann auf einer der ersten Expeditionen von La Salle zur Jagd am Fluss verloren gegangen war. Eine ihrer Töchter war im Fort an einer Krankheit gestorben. Ihr ältester Sohn Pierre war von La Salle in das Dorf Cenis gebracht worden, um dort ihre Sprache zu lernen. Obwohl sie es am Tag des

Massakers nicht wusste, war Pierre seit anderthalb Jahren wie die Indianer
selbst im Cenis-Land wild herumgelaufen. Ein Häuptling der Cenis hatte ihn
zusammen mit dem jungen Meusnier unter seinen eigenen Schutz
genommen.

Aber die Witwe behielt weiterhin vier ihrer Kinder in der Festung bei sich.
Dann kam dieser schreckliche Tag, als die Indianer über sie herfielen. Vor
den Augen ihrer Kinder wurde die Witwe getötet. Doch die indischen Frauen
hatten Mitleid mit den vier Kleinen, trugen sie auf dem Rücken weg und
adoptierten sie in ihren eigenen Familien. Das Älteste war ein junges
Mädchen namens Maria Magdalena Talon, und ihre jüngeren Brüder waren
Jean Baptiste, Robert und Lucien – von denen einer, jetzt ein vierjähriger
Junge, auf dem Weg aus Frankreich geboren worden war. Mit diesen vier
hatten die Squaws einen kleinen Jungen namens Eustache Bréman gerettet .

In den Lodges der Indianer wurden die fünf Kinder von ihren
Pflegemüttern mit der gleichen Sorgfalt erzogen wie die düsteren Kinder des
Stammes. Viele Jahre lang lebten das Mädchen und ihre jungen Brüder wie
die Indianer. Sie aßen Fleisch wie ihre roten Brüder – roh, in der Sonne
gebacken oder halbgegart. Die Jungen lernten laufen und reiten und den
Bogen spannen; und wie die Indianer selbst lernten sie, jeden Morgen bei
Tagesanbruch zum nächsten Bach zu rennen und sich nackt ins Wasser zu
stürzen, egal zu welcher Jahreszeit.

Eines Tages stachen die Karankawas mit scharfen Dornen Löcher in die
Haut der Arme, Gesichter und anderer Körperteile dieser französischen
Kinder. Dann verbrannten sie einen Walnusszweig im Feuer, zerstampften
die Holzkohle zu Pulver, mischten es mit etwas Wasser und drückten es in
die Löcher ihrer hellen Haut. Anfangs war es sehr schmerzhaft, aber der
Schmerz ließ bald nach, und dann erschien jedes adoptierte Kind mit
Tätowierungen versehen, die durch keine Wäsche entfernt werden konnten.

Jean Baptiste und der junge Bréman waren bald alt genug, um sich den
Mutigen anzuschließen. Vielleicht war die einzige Lebensgewohnheit, die sie
nicht erlernen konnten, das Essen von Menschenfleisch. Einmal überfielen
die Krieger einen Stamm der Tonkawaner und töteten viele, und drei Tage
lang musste Jean Baptiste ohne Nahrung auskommen, weil seine Pflegeeltern
ihm außer dem Fleisch der Männer, die sie getötet hatten, nichts zu essen
gaben.

hatten Hiens und seine Gruppe unter den Cenis oder Nabedaches
seltsame Erfahrungen gemacht – sie kämpften in den grausamen Kriegen
und lebten in den runden strohgedeckten Hütten der Indianer. Aber es lag
nicht in der Natur der Sache, dass diese Gruppe von Überlebenden friedlich
untereinander leben konnte. Ruter , der halbwilde Deserteur, der eines
Nachts am Lagerfeuer von Cenis mit Joutel gesprochen hatte, stritt sich mit

Hiens (so erzählte Tonty die Geschichte) und tötete den alten Freibeuter. Von Ruter hat man nie wieder etwas gehört. Sein Begleiter Grollet und der elende L'Archevêque , des Lebens unter den Indianern müde, hatten sich bereits den Spaniern ergeben.

Es blieben unter dem Schutz des Cenis-Häuptlings Pierre Talon und sein Kamerad Meusnier . Eines Tages kam ein indischer Freund mit einer Warnung auf den Lippen zu ihnen: Die Spanier, grausame Feinde ihrer Landsleute, marschierten in das indische Land ein und suchten nach diesen weißen Flüchtlingsmännern. Aus Angst flohen sie von Stadt zu Stadt; Doch ihre Flucht war vergebens, denn es dauerte nicht lange, bis sie in die Hände der spanischen Reiter fielen. Ihre Entführer führten sie zurück zum Dorf Cenis, in der Hoffnung, dort weitere Weiße zu finden. Sie waren enttäuscht, aber während ihres kurzen Aufenthalts waren sie von den Indianern so beeindruckt, dass sie drei spanische Franziskanermönche zurückließen und ihnen im Dorf eine Kapelle bauten. Zwei der spanischen Offiziere sprachen neben ihrer eigenen auch die französische Sprache; Talon und Meusnier hatten sich mit der Sprache der Cenis vertraut gemacht; und so lernten die Mönche durch ein vierseitiges Gespräch von den Indianern ein paar Wörter ihrer Sprache, bevor ihre Männer die Gefangenen nach Südwesten abführten.

Pierre war darüber sehr erstaunt. Diese Männer schienen Christen zu sein, auch wenn sie Spanier waren, und statt Grausamkeit hatten sie ihm nur Freundlichkeit entgegengebracht. Wenn die Spanier so wären, würde er sie auch seine Schwester und seine jüngeren Brüder gefangen nehmen lassen. Und so erzählte er den Spaniern, dass er drei Brüder und eine Schwester habe, die bei den Karankawas in der Nähe der Bucht von St. Louis lebten.

Auf dem Rückweg nach Mexiko ritten die spanischen Truppen mit Schwertern, Gewehren und Pferden in das Dorf, in dem sich die Talon-Kinder befanden. Jean Baptiste Talon und Eustache Bréman fanden sie nicht; aber Maria Magdalena und Robert und Lucien waren da. Die Beamten erklärten sich bereit, den Indianern, die sie aufgezogen hatten, für jedes Kind ein Pferd zu geben. Doch als sie zu dem Mädchen Mary kamen, das älter und größer war, protestierten die Indianer; denn sie dachten, sie sollten zwei Pferde für sie besorgen. Der Streit wurde hitziger und beide Seiten griffen zu den Waffen. Die spanischen Kanonen sprachen, zwei oder drei Indianer fielen tot um und die anderen flohen erschrocken. Die unterworfenen Indianer gaben das Mädchen schließlich gegen ein Pferd auf, und die Spanier ritten aus dem Dorf, nachdem sie den Indianern etwas Tabak gegeben hatten, um die Herzen derer zu beruhigen, deren Tote auf dem Boden lagen.

Die Pflegemütter trauerten um ihre verlorenen Kinder, insbesondere um die jüngeren, denn in den Jahren ihres Aufenthalts beim Stamm hatten sie einen warmen Platz in den Herzen der Indianer gefunden. Jean Baptiste und der junge Bréman blieben noch ein Jahr bei ihrem indianischen Volk. Dann kam eine weitere spanische Truppe und verschleppte sie. Wieder weinten die Indianer und drängten den jungen Talon, so schnell wie möglich zu fliehen, zu ihnen zurückzukehren und so viele spanische Pferde mitzubringen, wie er konnte. Er versprach es, aber sie sahen ihn nie wieder. So kamen die Talons nach Mexiko.

Pierre und Jean Talon kamen nach vielen Jahren bei den Spaniern endlich in ihr eigenes Land Frankreich. Lange vor ihnen waren auch der Abbé, Joutel und ihre drei Gefährten in das Land der Lilien heimgekehrt.

In den wilden Ausläufern des Großen Tals gab es kaum noch Spuren der letzten Expedition von La Salle, die eine Kolonie am Fuße dessen gründete, was Joutel mittlerweile als den „verhängnisvollen Fluss" bezeichnete. Auf der breiten Straße, die von Norden nach Süden durch das Tal verlief, schoben rote Männer ihre Holzeinbäume oder Rindenkanus hinauf und hinunter. Mit mokassinierten Füßen folgten sie dem Hirsch durch den Wald und folgten der Spur der zotteligen Tiere der Ebene. Und bei Tagesanbruch stießen sie neben dem Lager des Feindes den Kriegsschrei aus, so wie sie und ihre Väter es viele hundert Jahre lang getan hatten. Von einem Ende des Tals zum anderen waren die weißen Männer gereist; Und doch, wie die Spur eines Kanus aus dem Wasser verschwindet oder der Schatten eines fliegenden Vogels über die Ebene fliegt und verschwunden ist, so schien es nun, als sei die Spur der vorbeiziehenden weißen Männer aus dem Tal verschwunden und die ... Der Traum, der zu ihrem Kommen geführt hatte, war mit dem Träumer unter dem wogenden Gras der südlichen Ebenen verloren gegangen.

Doch unten am Golf bewachte ein Quinipissa- Häuptling Jahr für Jahr einen kostbaren Brief und wartete nicht umsonst darauf, ihn einem Weißen zu übergeben, der vom Meer in die Flussmündung kommen sollte. Und weit im Norden, auf einem hohen Felsen am Fluss Illinois, hielt der Mann mit der eisernen Hand, der bei allen Stämmen bekannt, geliebt und gefürchtet war, Jahr für Jahr die Vision seines Häuptlings am Leben. Seine Tage in dem Tal, das er liebte, sollten lang sein, und er leistete seinem König und seinen indianischen Freunden viele Dienste. und die Zeit sollte noch kommen, in der er die Flagge Frankreichs über einer französischen Kolonie an der Mündung des Flusses wehen sah, der sich wie ein silberner Faden durch ein Vierteljahrhundert voller Träume und Taten gezogen hatte.

DAS ENDE

www.ingramcontent.com/pod-product-compliance
Lightning Source LLC
LaVergne TN
LVHW042155190726
843493LV00006B/1683